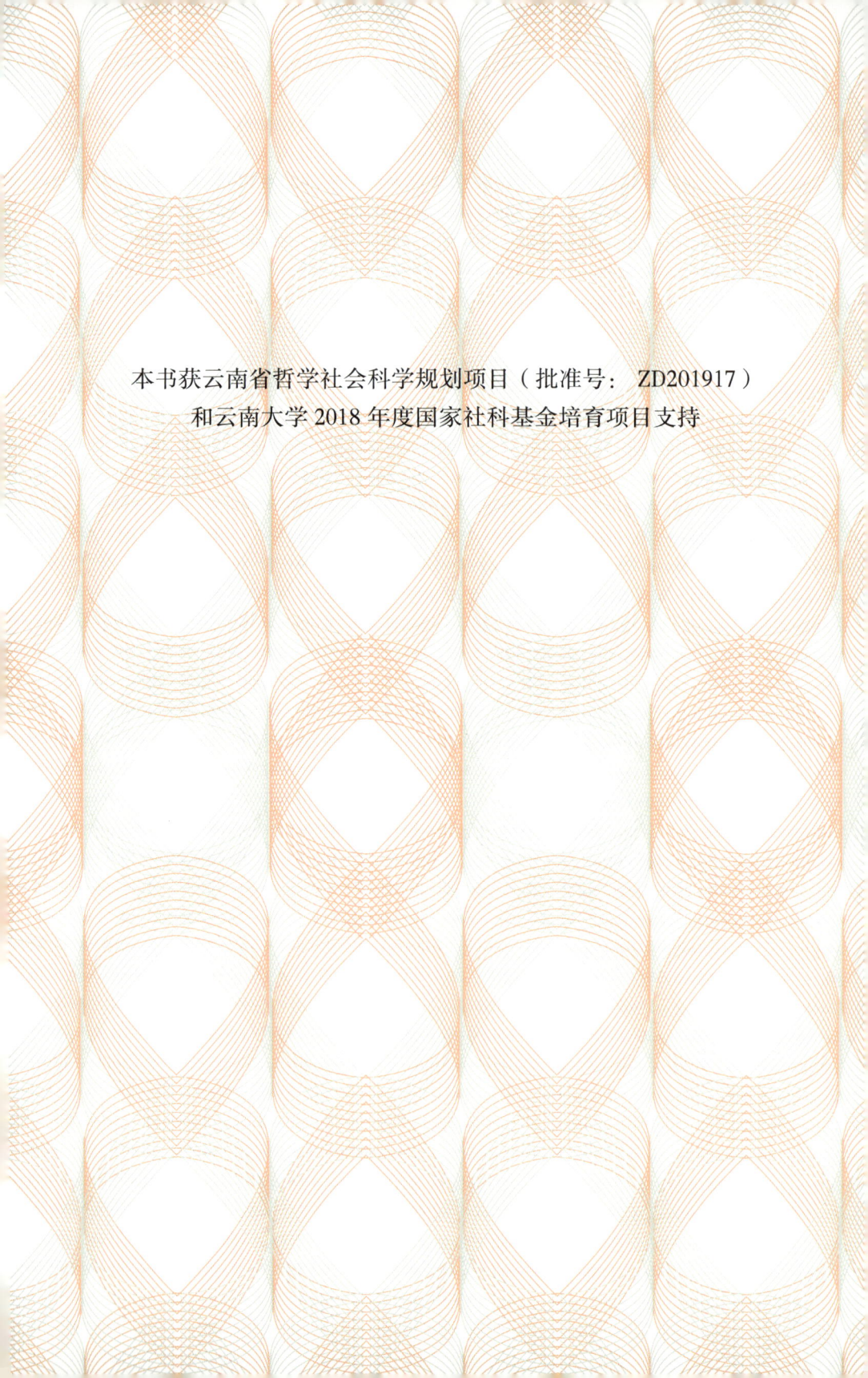

本书获云南省哲学社会科学规划项目（批准号：ZD201917）和云南大学2018年度国家社科基金培育项目支持

价值传播体系构建及其中国实践

THE VALUE COMMUNICATION CONSTRUCTION AND THE PRACTICE IN CHINA

施海涛　著

社会科学文献出版社
SOCIAL SCIENCES ACADEMIC PRESS (CHINA)

目 录

第一章　中国价值需要世界表达 … 1
　　第一节　何谓中国价值 … 2
　　第二节　何谓中国价值的世界表达 … 11
　　第三节　中国价值世界传播理论体系的架构 … 26
　　小　结 … 31

第二章　中国价值传播的意向与情境 … 32
　　第一节　中国价值传播的意向追寻 … 32
　　第二节　情境论的传播学运用 … 39
　　第三节　中国价值传播的意向与情境场域 … 46
　　小　结 … 55

第三章　中国价值传播主体 … 56
　　第一节　传播主体概述 … 56
　　第二节　价值传播主体建构的美国做法 … 65
　　第三节　中国价值传播主体建构 … 75
　　小　结 … 88

第四章　中国价值传播的受众分析 … 89
　　第一节　受众研究理论及其嬗变 … 89
　　第二节　中国价值传播的国内受众 … 95

第三节　中国价值传播的国际受众 …………………… 105
　　小　　结 ……………………………………………… 114

第五章　中国价值传播的内容建设 ……………………… 115
　　第一节　中国价值国内传播内容建设 ………………… 115
　　第二节　中国价值国际传播的内容建设 ……………… 136
　　第三节　作为中国价值传播载体的电影 ……………… 151
　　小　　结 ……………………………………………… 172

第六章　中国价值传播的渠道建设 ……………………… 173
　　第一节　渠道研究的基本理论 ………………………… 173
　　第二节　国内传播的渠道分析 ………………………… 182
　　第三节　国际传播的渠道分析 ………………………… 190
　　小　　结 ……………………………………………… 198

第七章　中国价值传播效果 ……………………………… 200
　　第一节　效果研究理论概述 …………………………… 200
　　第二节　中国价值国内传播效果分析 ………………… 205
　　第三节　中国价值国际传播效果研究 ………………… 213
　　小　　结 ……………………………………………… 220

参考文献 ………………………………………………… 222
后　　记 ………………………………………………… 226

第一章　中国价值需要世界表达

在悠远苍茫的历史时空里,中国为世界贡献了璀璨的文明,对世界产生了深远而广泛的影响。而今,迈向新征程的中国,在经历血与火的淬炼和洗礼之后涅槃升华,以新的姿态、新的形象、新的角色屹立于世界东方,并对世界产生着比以往任何时期都更深刻、更全面、更长远的影响,世界各国亦将比以往任何时期都把更广泛、更深切、更惊诧的目光聚焦于中国。如何让引人注目的中国更好地获得世界的理解、认同和支持,进而与世界一起走向繁荣,实现中华民族伟大复兴呢?这属于一个十分庞大而复杂的叙事范畴,也是一项十分艰巨而繁重的系统工程,但我们不能望而却步,必须勇往直前,以中华民族特有的智慧和坚韧不拔之精神去破解困局,去创造奇迹。这是时代赋予我们的责任与使命,也是实现中华民族伟大复兴的必经之路。

核心价值观是一个国家和一个民族最为深邃的文化基因,透过核心价值观之窗,也能最为深刻地洞悉这个国家和民族的价值理想和追求。可见,要让世界理解、认同和支持中国,首先要让世界全面、深刻、透彻地了解中国价值,并从其中洞见中华民族"讲仁爱、重民本、守诚信、崇正义、尚和合、求大同"[①]的传统美德。中国价值建设既是推动中华民族伟大复兴的重要路径之一,又是国家文化软实力建设的重要组成部分。因此,我们需要

---

① 《习近平谈治国理政》(第一卷),人民出版社,2018,第164页。

以诚恳亲和、优雅得体的方式，向世界表达当代中国所尊崇和持有的价值观，让历经数千年时光淘洗，又闪烁着新时代瑰丽光华的中国价值能够如温煦和风，在全世界自由流淌，并唤起越来越多心灵的共鸣。以融通世界的话语方式和内容载体，面向世界表达中国价值，以宽广博大的人类情怀和宏阔开放的全球视野建构一个有助于世界更好地认知和理解中国价值的表达体系，让作为人类文明璀璨结晶之一的中国价值能够清晰、完整、生动、贴切地传播到世界各地，以便不同文化背景和政治场域中的人们都能全面理解和认可当代中国所遵循和倡导的核心价值观及其在核心价值引领之下做出的努力奋斗和取得的丰硕成果，进而消除各种来自外界的误解和偏见，形成更全面、更立体、更真实的中国印象。

中国价值需要世界表达。建构一个融通世界的表达体系，是中国价值传播的时代使命。

第一节　何谓中国价值

要开启中国价值世界表达的奇妙旅程，我们首先要系统回答"何谓中国价值"这一基础性问题。对这一问题的追问与回答是建构中国价值世界表达体系的逻辑起点，离开了对这一问题的深度思考、深切追问和系统应答，中国价值世界表达体系的建构将是无本之木，旨在面向世界的表达也必将陷入自说自话的窘境，增强世界认知、理解和认同的愿望也终将化为镜花水月。事实上，针对"何谓中国价值"这一问题，自古以来都不缺乏思考者、追问者，学术界、思想界、文化界均从自身的立场和视野出发，进行过丰富多彩的探索，并以此为基础，就如何推进中国价值传播提出了诸多富有见地的理论观点和实践路径。然而，中国价值是一个历史与现实有机交织的范畴，它似一条源远流长的河，既有深远的文明之源和丰厚绵长的文化积淀，又与产生于特定历史文化场域的国家和民族意识休戚相关；既浇灌过华夏五千年的文明之花，又润泽着以"不忘初心，牢记使命"为特质的中国特色社会主义新时代；既根植于中华民族上下五千年的丰厚历史土壤，又蕴含于中华民族伟大复兴的瑰美梦想。而如今，我们需要深入探讨的中国价值传播问题所涉及的"中国价值"就是当代中国价值观，就是进入新时代的中国特色社会主义所持有和尊崇，并力争向世界进行全面表达和精准展示的核心价值观念。

一　中国核心价值观的嬗变

"核心价值观是一个民族赖以维系的精神纽带，是一个国家共同的思想道德基础。如果没有共同的核心价值观，一个民族、一个国家就会魂无定所、行无依归。"① 可见，核心价值观是一个民族、一个国家赖以存在和发展的基础，其重要性不言而喻。纵观人类文明发展史，没有哪个民族、哪个国家愿意放松核心价值观建设，而那些抓不住价值观建设之弦的民族和国家，即使曾经煊赫一时，最终也如流星划过，除了惨痛的教训和令人唏嘘的诸多憾事之外，又能在历史的时空中留下几许痕迹、几朵星火、几缕云烟？同样，"中国价值"是中国文化的内核，是数千年中华文明最为璀璨的结晶，因此，理解"中国价值"必须深刻洞悉中华文明独特的历史进程及其在数千年时空中赓续不断的韧性密码。关于中国，关于中华文明，著名学者许倬云先生有这样一段论述："在人类的历史上，中国这个个案，确实是相当特殊。欧洲有过希腊、罗马、教廷这几个大型的共同体，中东也有过伊斯兰的共同体，南亚有过印度共同体。但是，中国这个共同体，其

---

① 习近平：《习近平关于社会主义文化建设论述摘编》，人民出版社，2017，第124页。

延续之长久，而且一直有一个相当坚实的核心，在同一个地区继长增高，其内容却不断的改变，不断的调适。凡此，都是上述另外那几个共同体不能同日而语的。"① 那么，是什么力量维系着中国这个超稳定结构能够在历史长河里不枯萎、不消逝，且历久弥新呢？许倬云先生从三个方面进行了探究："一方面，维系'中国'这个观念的真正力量，可能是经济。经过长期建构的市场交换网，使得各地的物资有无相通，也相互依赖。另一方面，中国固然长期被皇权统治，但是从秦汉以后，并没有明确的贵贱阶级之分。一般的老百姓，都是编户齐民；统治阶层中的文官，大致言之，都是凭其知识和能力进入精英阶层，这些精英并不永远世袭。第三个因素，可能是因为中国的方言复杂，却有一个以视觉作为基础的文字系统。它可以超越语言的区隔，作为人与人之间的交流工具，也作为超越时间的数据媒介，使得文化得以赓续。"② 许倬云先生的推测固然有理，但其至少忽略了一个因素，而且是十分重要的因素，那就是中国这个共同体总是具有不断变化和调适的社会核心价值观，并由此造就了中国社会的"超稳定结构"。

中华文明漫长而曲折的进程也是"中国价值"逐步凝练的过程，而其中盛开的第一朵价值之花就是儒学。在整个中国传统文化中，儒学长期处于主体地位，其所倡导的"仁、义、礼、智、信"等价值亦作为中国传统社会的核心价值观长期存在，并深深地塑造和影响着中国人的国民性。儒学所倡导的价值观能够成为中国传统社会的核心价值观是历史选择的结果，而且这一漫长的历史选择过程，也是中国价值不断淬炼和升华的过程。在社会主义核心价值观建构的热潮中，学者们沿着历史的坐标，纵向回溯

---

① 许倬云：《说中国——一个不断变化的复杂共同体》，广西师范大学出版社，2015。
② 许倬云：《说中国——一个不断变化的复杂共同体》，广西师范大学出版社，2015。

和审视中国传统社会核心价值观的演进过程,从历史的经验和教训中获得新时代养分,并产出了一些具有代表性的成果。其中,谢霄男、李净认为:"中国传统社会核心价值观经历了萌芽、生成、同构、震荡以及复归等发展阶段,经历了三次重大的价值变革或价值革命。"① 其中,第一次价值革命是周礼的确立,形成了贵贱有别、尊卑有序、亲疏有则、上下有序的价值观念体系;第二次价值革命是从春秋战国时期的百家争鸣到董仲舒整合天人感应学说,确立了以"三纲五常"为核心的价值观念体系;第三次价值革命是经魏晋价值震荡和隋唐三教互补、三教合流至宋代整合成为理学,建立了以"存天理,灭人欲"为核心的价值观念体系。谢霄男和李净所提出的中国传统社会价值观变革演进阶段划分具有较为清晰的历史依据,但将其称为"价值革命"却言过其实。事实上无论是强调"别贵贱,序尊卑"的周礼,还是作为道德规范的"三纲五常"和以"存天理,灭人欲"为主要观点的理学,其精神内核都是统一的,都是围绕天子的政治统治而建构,并由此获得统治阶层支持和推广的封建社会核心价值观。在以科举制为核心的一整套传播体系的支撑和托举之下,以儒学为底色的封建社会核心价值以制度化的形态深深地嵌入社会治理的每个环节,成为维护中国传统社会"超稳定结构"的重要力量。因此,整个中国传统社会并不存在"价值革命",有的只是不断应对价值危机的价值调适。笔者认为,核心价值观的稳定也正是中国这个共同体能够穿越数千年时光而不消失的重要原因之一。

时光之河流淌到 1840 年,中国传统社会的"超稳定结构"在汹涌澎湃的世界之潮中摇摇欲坠。在解构与建构的历史缝隙中,各种思想孕育生长,各种力量并起角逐,仿佛回到了战国时

---

① 谢霄男、李净:《中国传统社会核心价值观演进历程、特征及启示》,《思想教育》2018 年第 2 期。

代。社会的震荡也带来了核心价值观的震荡，或者应该说正是核心价值观的震荡引发了社会的震荡。在此后风起云涌的日子里，封建社会核心价值观成为新文化运动的革命对象，中华文明进程中一次真正意义上的核心价值革命在中华大地燃烧成燎原之势。革命的历程是艰险而漫长的，核心价值革命更是如此，即使几代人付出了血汗乃至生命也未必能见到绚丽瑰美的价值之花重新盛开。或许这正是因为在封建社会核心价值观的桎梏下压抑了太久，新文化运动产生了极大的爆发力，"三纲五常"在革命的浪潮里迅速崩塌，德赛二先生开始住进部分中国精英的心田。然而，封建社会核心价值观的崩塌并不意味着新的核心价值观的确立，"民主"与"科学"也远未成为中国社会的核心价值观，新的核心价值观还需要等待一片清朗明净的历史空间去孕育。

　　数十年浴血奋战，千万人舍生忘死，换来了中华民族和平明净的发展空间。在新中国的晴空下，中华儿女以火热的革命情怀投身到社会主义革命和建设中，中华民族开启了创造新历史和谱写新华章的奋斗之旅。面对封建社会核心价值观的崩塌以及中国社会核心价值观重构的迫切需求，新成立的中华人民共和国中央人民政府坚持从经济和精神两个向度推进社会主义建设，在轰轰烈烈推进社会主义经济建设的同时，大力宣传马克思列宁主义、毛泽东思想。于是，中国历史进程中一次十分重要的价值革命在经历了漫长的"破"之孕育之后，终于迈上了"立"的探索之路，而社会主义建设也在马克思列宁主义、毛泽东思想的指导下，不断攻坚克难，取得了举世瞩目的成就。

　　"每一次革命的胜利都引起了道德上和精神上的巨大高涨。"[①]事实上，建设先进文明是中国共产党人始终坚持的主张，早在革命时期，毛泽东就提出："我们不但要把一个政治上受压迫、经

[①] 《马克思恩格斯选集》（第3卷），人民出版社，1972，第223页。

济上受剥削的中国变为一个政治上自由和经济上繁荣的中国，而且要把一个被旧文化统治因而愚昧落后的中国，变为一个被新文化统治因而文明先进的中国。"① 因此，可以说中华民族反帝反封建的革命历程，也是价值革命和价值重构与升华的过程，甚至可以说，中国革命的胜利正是价值革命孕育的美丽花朵。中华人民共和国成立之后，毛泽东指出："随着经济建设的高潮的到来，不可避免地将出现一个文化建设的高潮，中国人被人认为不文明的时代已经过去了，我们将以一个具有高度文化的民族出现于世界。"② 得益于党和国家对精神文明建设价值和意义高屋建瓴的充分认知，伴随着社会主义经济建设实践，社会主义文化建设同步推进，璀璨的文明之花在思想道德、文化艺术、教育科学等各领域次第开放，开启了中国核心价值培育和践行的新篇章。值得一提的是，虽然中华人民共和国成立之后的很长一段时间内，精神文明建设实践没有旗帜鲜明地提出"中国社会核心价值建设"的概念，但一直在进行着这一方向的努力，并多次尝试了"核心价值观"的归纳和概括：1949 年，提出"五爱"，即爱祖国、爱人民、爱劳动、爱科学、爱护公共财物；1964 年，提出"四个现代化"，即工业现代化、农业现代化、国防现代化、科学技术现代化；1980～1983 年，逐步形成"五讲四美三热爱"；1985 年，提出培养"四有新人"，"四有"即有理想、有道德、有文化、有纪律；2006 年，提出以"八荣八耻"为核心内容的社会主义荣辱观；中国共产党十六届六中全会明确提出建设社会主义核心价值体系。③ 随着国家实力的不断增强，随着走向世界的广度不断拓展、深度不断加深，随着价值危机的不断显现，培育和建构具有

---

① 《毛泽东选集》（第 2 卷），人民出版社，1991，第 663 页。
② 《建国以来毛泽东文稿》（第 1 册），中央文献出版社，1988，第 195 页。
③ 施海涛、秦灵：《论当代青年社会主义核心价值观培育的几个基础理论问题》，《学术探索》2015 年第 3 期。

中国立场、世界眼光、人类情怀的当代中国价值观成为国家文化软实力建设的重要内容，愈加体现出其紧迫性和必要性。因此，提炼更能体现中华民族精神风貌与价值追求，且便于在全球范围内系统表达和广泛传播的中国核心价值观作为中国国家文化软实力建设的重要工程，更加鲜明而具体地呈现在全面建设社会主义现代化国家的新征程中。

二 当代中国价值观的凝练之路

事实上，进入 21 世纪，一些具有先见之明的学者便开始关注当代中国价值观问题，也产出了一些富有见地的成果，并使这一领域的研究繁花似锦。从文献检索的情况来看，"当代中国价值观"这一概念最早出现在马惠萍的《经济全球化与当代中国价值观的现实选择》一文中，随后，关于"当代中国价值观"的探讨不断升温，产出了一批学术研究成果，并逐渐获得社会各界认可。[①] 但是，学术界对"当代中国价值观"的理解却因为视角的不同而有差异，而基于这种差异大致形成了三种观点。一是将当代中国价值观理解为当代中国社会存在的价值观，其中既包括主流价值观，也包括非主流价值观，其关注点在于随着中国改革开放的步伐不断加快，融入世界的程度越来越深，社会、政治、经济、文化价值观不可避免地呈现多元化发展态势，"然而，人们价值观多元化趋势的出现，也造成了一些负面的、消极的后果，即造成了多种不同性质的价值观并存的局面。这样一来，正确的、进步的价值观就必然会受到错误的、落后的价值观的削弱、曲解和冲击。因此，这就迫切需要从价值导向上，对人们多样化

---

① 2016 年 2 月，教育部主管、北京师范大学主办的专业学术期刊《当代中国价值观研究》创刊，学术界将其作为"当代中国价值观"概念得到党和政府以及社会各界认可的重要标志。

的价值观加以正确引导。而所谓价值导向,就是一个社会所提倡的占主导地位的价值观,它直接影响和引导着人们的价值取向"。① 二是将当代中国价值观理解为当代中国人的价值观,重点关注当代中国人的价值观的生成机理、文化根源、变迁规律以及随着经济全球化而来的中国价值危机,并最终落脚在"面对人们对经济全球化的种种幻想和对价值'趋同'的误读,面对目前我国权威价值观缺失和价值取向多元无主的现状,面对新型求利规则之下人们行为的失范,新型价值体系的建构十分必要,且迫在眉睫"。② 三是将当代中国价值观理解为我国改革开放以来着力建构的,以社会主义核心价值观为核心内容的主流价值观。③ 很显然,就"当代中国价值观"而言,三个向度的理解虽然视角不同,但殊途同归,均落脚在建构富有时代精神、具备人类情怀、根植传统文化、能够精准概括中华民族精神状态和价值追求的主流价值观上。这一起于学术探讨的时代之风迅速吹遍中国大地,并激起了社会各界的广泛认同,关于"什么是当代中国核心价值观"的研讨在学术界、文化界、思想界此起彼伏,并有诸多学者提出了许多有见地的观点。经过了一段时间的讨论和酝酿,中国共产党第十八次全国代表大会提出了"倡导富强、民主、文明、和谐,倡导自由、平等、公正、法治,倡导爱国、敬业、诚信、友善,积极培育和践行社会主义核心价值观"的要求。④ 随后,中共中央办公厅印发的《关于培育和践行社会主义核心价值观的

---

① 刘小新:《当代中国价值观多元化的几点思考》,《首都师范大学学报》(社会科学版) 2005 年第 3 期。
② 马惠萍:《经济全球化与当代中国价值观的现实选择》,《郑州大学学报》(哲学社会科学版) 2003 年第 3 期。
③ 江畅、蔡梦雪:《"当代中国价值观"概念的提出、内涵与意义》,《湖北大学学报》(哲学社会科学版) 2016 年第 4 期。
④ 《坚定不移沿着中国特色社会主义道路前进 为全面建成小康社会而奋斗——在中国共产党第十八次全国代表大会上的报告》,人民出版社,2012,第 31 页。

意见》明确提出,"以'三个倡导'为基本内容的社会主义核心价值观,与中国特色社会主义发展要求相契合,与中华优秀传统文化和人类文明优秀成果相承接,是我们党凝聚全党全社会价值共识作出的重要论断",明确了社会主义核心价值观的基本内涵是"三个倡导"所倡导的"24字"①。此后,学术界对当代中国价值观的理解达成了共识,如何培育和践行社会主义核心价值观,让社会主义核心价值观的甘泉更好地浸润中华民族,成为学术界、文化界和思想界共同关注的问题。围绕"培育和践行社会主义核心价值观"这一主题,学者们从社会主义核心价值观的理论渊源、文化根基等角度进行了深刻研讨,为这一具有跨时代意义的理论创新增加了历史厚度、文化温度和实践热度。

三 当代中国价值观的基本结构

社会主义核心价值观的提出,使当代中国价值观具备了坚固的内核,是进一步坚定中国特色社会主义道路自信、理论自信、制度自信、文化自信和提升文化软实力的重要举措,在当代中国价值观建构历程中具有里程碑意义。那么,社会主义核心价值观与当代中国价值观是完全重合的吗?笔者认为,两者之间既有差别又有联系,它们之间的关系可以概括为:社会主义核心价值观是当代中国价值观的核心内容,而当代中国价值观是社会主义核心价值观的拓展和延伸。具体而言,社会主义核心价值观与当代中国价值观的异同主要体现在三个方面:首先,与社会主义核心价值观相比,当代中国价值观具有更丰富的内涵和更广阔的外延,更加包容、更加开放;其次,当代中国价值观作为国家和民族的价值观,凸显的是文化色彩,彰显的是文化多元,而社会主

---

① 中共中央办公厅:《关于培育和践行社会主义核心价值观的意见》,2013年12月23日。

义核心价值观则具有较为鲜明的意识形态特征；最后，从内容分析的角度来看，社会主义核心价值观侧重于国家和民族内部的价值引领，而当代中国价值观，除了作为其核心结构的内部价值引领之外，还应该包含中国如何与世界共存和互动的价值表达。

总之，当代中国价值观与社会主义核心价值观既紧密联系，又有明显不同，而通过对两者区别与联系的解读，我们可以对当代中国价值观做如下界定：当代中国价值观是当代中国作为国家主体所持有和尊崇的，关于建设怎样的国家、营造怎样的社会、培养怎样的公民、建构怎样的国际关系的价值准则和价值理想的综合体系，是社会主义核心价值观和构建人类命运共同体的价值理念有机统一的"双核心"结构。

第二节　何谓中国价值的世界表达

古往今来，社会核心价值观的建设都带有鲜明的意识形态特征，都发轫于官方推动，都依赖于官方支持，当代中国核心价值观虽然根植于深厚的中国传统文化，虽然具有深厚的社会基础，但要使其真正成为凝聚中国社会共识的"最大公约数"和世界认知中国、理解中国的重要窗口，还需要以切实有效的手段和方法，引领中华儿女自觉培育和践行中国价值观，并以亲和优雅的方式向世界人民表达当代中国的价值观念。明确当代中国价值观的具体内涵只是万里长征的第一步，而如何有效表达并使其深深根植于中华儿女的心中，才是当代中国价值观建设的最大挑战。由此，如何真正建构起务实高效的中国价值世界表达体系，是培育和践行当代中国价值观最为重要的使命。事实上，从某种意义上看，中国当前面临的诸多舆论困境都能从价值表达不够充分、不够到位、不够得体中找到根源。如果我们能够形成恰当而有效的中国价值世界表达体系，那么一定能够减少国家之间的误解，一定能够增进国际的理解和互信,进而使我们自身更和谐,也更能充分地融入国际社会和参与国际事务。

一 尚且稚嫩的中国价值表达

中国价值世界表达就是要用世界人民乐于接受的话语方式、载体、平台和表达形式来展示和传播中国价值,其目的是通过有效表达,让世界人民更好地理解、认同、欣赏、尊重中国价值,并透过"价值观之窗"更加深刻和全面地认识中国、理解中国、欣赏中国、敬重中国。中国价值的世界表达是中国进一步融入世界、服务世界的具体举措,是中国特色社会主义道路自信、理论自信、制度自信、文化自信的直接体现,对于展示和提升中华文化魅力和国家文化软实力具有极其重要的意义。那么,如何实现中国价值的世界表达呢?这是一个十分复杂的传播学和叙事学的问题,甚至还是一个内涵深刻的艺术门类。当代中国价值传播的现实境况如何呢?我们需要从国内和国际两个维度进行审视。

从国内传播的维度来看,自中国共产党第十九次全国代表大会明确提出社会主义核心价值观的内容以来,社会各界可以说是动用了所有的传播力量来宣传社会主义核心价值观。那么,宣传的效果如何呢?成效当然是显著的,但仍有提升的空间。其中的不足主要体现为:在话语方式上,单向、说教、简单、直接的特征较为明显,"找准与人们思想的共鸣点、与群众利益的交汇点,做到贴近性、对象化、接地气"[①]的传播形态较为稀缺;在传播手段上,主要依赖大众媒介进行粗放式宣传,精细化的分众传播较为少见;从传播效果来看,社会主义核心价值观尚未"像空气一样无所不在、无时不有",在中华儿女心灵深处扎的根还不

[①] 中共中央办公厅:《关于培育和践行社会主义核心价值观的意见》,2013年12月23日。

够深。

从国际传播的维度来看，相关研究主要聚焦于对其重要性的分析，并且多以宏观论述为主，富有可行性的理论成果较为稀缺，对实践的指导力度和效度均有待提升。理论探讨的空泛与实践举措的乏力在中国价值的世界表达领域相互纠缠和彼此干扰，其结果就是传播手段简单，传播效果有限，并由此带来世界对中国价值认知粗浅、理解有限、认同不够的直接结果。

总之，无论是从国内传播的维度还是从国际传播的维度进行分析，中国价值的世界表达还处于较为稚嫩的水平，尚有较大的提升空间，与新时代社会主义大国的地位与数千年绵延不断的中华文明尚不匹配。

二 中国价值世界表达的基础理念

要有效增强中国价值传播效果，我们必须深刻洞察世界传播现象和传播格局发生的重大变化，创新中国价值世界表达的理念、内容、体裁、形式、方法、手段、业态、体制、机制，切实打破传统思维定式，并以高度敏锐和开放的思想，形成新的思想理念，以便更为科学地配置传播资源，更为系统高效地激发各类传播主体的热情，以切实增强中国价值世界表达的实践针对性和实效性。为此，在进行中国价值世界表达体系构建之前，首先要坚定"一个全民化""两个现代化""三个全球化"的基本理念，并以此为基础，建构"六位一体"的表达体系，确保中国价值能够获得更大范围的认知、认同、理解和支持。

（一）"一个全民化"

"一个全民化"就是表达主体全民化。中国价值既是中国特色社会主义新时代的国家价值，也是全体中华儿女共同遵循的价值理念和价值理想。中国价值的世界表达需要强大的媒介之翼，需要全球流动的文化之船，更需要每个中国人悉心培育和积极践行。事实上，世界人民愿意接受、愿意理解、愿意认同的中国价值不在于媒体如何宣传以及弘文如何"载道"，而是那些体现在人际关系的巧妙处理和国际关系的得体维护，以及优雅大方的国人自我修为之中的中国智慧。因此，每个中国人都应该成为中国价值世界表达的责任主体，都应该主动担当中国价值世界表达的责任与使命。王义桅先生在《中国公共外交的自信与自觉》一文中说，"回顾世界大国崛起历程，都曾经遇到三大难题：认识自己、成为自己、表达自己"。[1] 今天的中国，是寻求中华民族伟大复兴的中国，我们同样需要去破解这三大难题，其中，表达自己更为紧迫。因为只有准确、适宜、有效地表达自己，中国才能够更好地融入世界、服务世界，并在"各美其美，美人之美，美美与共，天下大同"的和谐世界中汲取中华民族伟大复兴的养分，激发中华民族伟大复兴的力量。

那么，如何让每个中国人都成为中国价值世界表达的使者呢？首先，我们必须深入持久地开展中国价值的国内传播，使其获得全体国民的认可、认同，在中华民族内部首先树立起坚实的道路自信、理论自信、制度自信、文化自信，凝聚一个中国价值世界表达的强大内核，这正是我们积极培育和践行社会主义核心价值观的目标所在。路漫漫其修远兮，我们必须上下而求索，多向突围，让中国价值首先成为中华儿女价值追求的最大公约数，成为团结、凝聚和引领中华民族的强大精神力量。

（二）"两个现代化"

"两个现代化"就是表达理念现代化和传播手段现代化。

理念是行动的先导和动力，引领和决定着行动的方向。因

---

[1] 王义桅：《中国公共外交的自信与自觉》，《新疆师范大学学报》（哲学社会科学版）2015年第2期。

此，建构中国价值的世界表达体系，首先必须坚定现代化的传播理念，否则，所有的传播实践都会停留在"独白"和"说教"的窠臼里，无法破壁腾飞，无法破旧升华，中国价值自然也就无法走向世界，无法成为世界人民认知中国、理解中国、认同中国的"价值之窗"。那么，怎样的表达理念是现代化的呢？要回答这个问题，首先要洞察暗流涌动、变动不居的世界传播格局。世界传播格局的极速变迁首先源于媒介技术的极速发展。在技术进步的推动之下，"世界已经成为一个村落"，"地球村"最为显著的特征就是国内传播与国际传播的界限不断模糊，而这恰是提出中国价值世界表达的初衷所在，也是提倡"传播理念现代化"的思想源泉。因此，传播理念的现代化就是指传播理念能够与媒介技术所能提供的传播能力相适应。要在这种理念的指引下，让既有的传媒技术释放出完整的传播功能。就当前的世界传播格局而论，现代化的传播理念又可以具体理解为全球化和分众化，而这两者都是传媒技术发展在传播实践中的具体体现。那么，如何在传播实践中具体运用全球化和分众化的传播理念呢？这需要用丰富多彩的传播技巧和精妙绝伦的传播智慧去诠释。

在麦克卢汉的理论里，媒介即为讯息[①]，而在传播技术高度发展的今天，我们可以越来越深刻地理解这一充满天才思维的论断。在中国价值世界表达的过程中，我们必须以无限的热情拥抱新技术，以最新的媒介技术传播中国价值，实现传播手段的现代化。在移动互联网、人工智能、大数据、区块链的技术背景下，传播手段现代化要体现在推进媒介融合、拓展新媒体业务、强化媒体战略研究等多个维度。事实上，全媒体表达和传播中国价值、中国立场、中国声音、中国态度已经成为中国媒体人的共

---

① 马歇尔·麦克卢汉：《理解媒介：论人的延伸》，何道宽译，译林出版社，2000。

识，全中国的传播机构和媒体人也都期冀着借媒介融合的东风，弥补短板和不足，打造一批具有世界影响力的主流媒体，以后发优势弥补中国国际话语权的先天不足。于是，建设"中央厨房"的浪潮在中国大地一浪高过一浪，成为中国传统媒介转型升级的重要路径。所谓"中央厨房"，其正式名称是全媒体平台，是一个面向国内受众、面向国际舞台、面向未来的新一代内容生产、传播和运营体系，是媒体策划、采写、编辑、发布的大脑和中枢神经，也是媒体推进媒介融合发展的核心平台。

在百花齐放的"中央厨房"中，人民日报的"中央厨房"最为亮眼，被称为"样板间"。人民日报"中央厨房"由空间平台、业务平台、技术平台组成。这一平台的建立，解决了"人机交互"和"人人交互"的问题，在组织架构上"彻底打通和整合了'报、网、端、微'的采访、编辑和技术力量，实现融合策划、融合采集、融合加工、融合传播"。①

可见，在媒介融合方面，我们已经走出了自己的路子，并已经站在技术前沿。我们需要解决的是，如何切实以精益求精的工匠精神将此项工作向深处、细处推进，让越来越深入的融合爆发出越来越强大的传播力量。

虽然"中央厨房"的建立让我们看到了全媒体时代来临的曙光，但是，大多数新媒体还处于"附属"地位，其作用的发挥尚不充分，甚至存在"新瓶装旧酒"的嫌疑。因此，我们还必须拓展作为传播手段现代化重要内容的新媒体业务，让新媒体之新出效益、出成果、真正抵达"新境界"。那么，如何切实将新媒体用好、用活呢？我们可以放眼世界，从那些在媒介融合方面做出更多探索、取得更多成果的媒体集团寻找和借鉴经验。

---

① 肖敏：《行业报社如何应对融媒体时代的挑战》，《新闻研究导刊》2019 年 3 月 10 日。

作为媒介发展的大趋势和大潮流，进入 21 世纪以来，世界很多国家的传媒机构都开始把新技术的开发应用作为战略规划的重要组成部分，推动媒体技术与媒体转型更加紧密地结合起来，并在发展新型媒体方面做出了卓有成效的探索。而在发展新型媒体方面的开拓，让这些媒体集团能够以更快、更广的速度传播信息，并因此获得了强大的影响力、控制力，在新的世界传播格局中占据了竞争优势。

在拓展新媒体业务方面，新闻集团（New Corporation）堪称业界标杆，其开发的数字卫星应用技术等新媒体业务卓有成效，并一度引领世界传播浪潮。目前，新闻集团在世界许多国家和地区拥有卫星电视台，全球近半数的数字卫星付费电视客服需要通过其下属的 NDS 公司来接收数字广播信息。此外，美国维亚康姆公司也坚持走高科技发展道路，并以此迈出内容、品牌与海外市场之路。快速发展而又经济实惠的新型数字化网络，使维亚康姆公司在拓展海外市场的时候，能够较好地实施本土化策略，使针对不同地区的本土化传播都具有鲜明的个性，并由此增强了传播效果。此外，新闻集团、英国广播公司（BBC）、日本放送协会（NHK）等也在新媒体平台的打造方面取得了可喜的进展。因此，纵观国际传媒集团的新媒体业务拓展之路，我们可以发现，我们的"中央厨房"在中国价值、中国立场、中国观点的世界表达方面，能做的事情还有很多，能发挥的作用尚未充分发挥，一切都刚刚起步，任重而道远。

媒介技术的发展和社会思潮的变迁对传统媒体带来的冲击不是简单的媒介融合就能够解决的。要在时代风潮里迎风飞翔，做到不落伍、不掉队、有效益，就必须强化媒体战略研究，以富有前瞻性、创造性、可行性的研究成果，为媒体发展注入源源不断的现代化理念。事实上，几乎所有的国际主流媒体、媒体集团都十分重视媒体战略，也正是得益于卓有成效的战略研究，那些声名远播的著名传媒集团才能够以难以想象的速度突破文化和政治壁垒，发展成为"超过了国家界限"的，具有"巨大规模和影响力"的媒体或媒体集团，在全球化、综合化、现代化的进程中取得了令人艳羡的社会效益和经济效益。透视国际主流媒体、传媒集团的新媒体战略，不难发现它们的国际化战略与新媒体战略常常并肩推进，形成"你中有我，我中有你，你就是我，我就是你"的相辅相成关系，成为托举国际主流媒体、传媒集团飞向世界的坚实"双翼"。综合分析新闻集团、华纳媒体（Warnet Media）和英国广播公司、美国有线电视网（CNN）等这些传媒集团和国际主流媒体的新媒体战略，不难发现它们的基本经验是：搭建多媒体平台或全球信息网、利用新媒体激活与带动传统媒体，并以此吸引受众和保持受众活跃度。国际主流媒体、传媒集团的发展战略给中国价值的世界表达提供了可贵的启示：一是要在跨文化传播框架下制定中国媒体对外传播战略，积极转变话语方式，通过文化语言和生动案例传播中国价值，让数千年文明的积淀能够在中国价值传播中得以展现；二是积极拥抱最新的媒体技术，运用多种媒介融合而成的媒介体系开展多元互动的传播活动，力求传播效果最大化；三是积极整合各层次、各方面的国际传播资源，构建协同作战、优势互补、资源共享的传播体系，并积极调动民间力量参与中国价值的世界表达。

总之，在风云变幻的新媒体时代，对新媒体战略的研究和把握于传媒机构而言，更是具有十分重要的价值和意义，其研究水平高低甚至可以决定一个传媒集团的衰落或繁荣，乃至生死存亡。为此，我们必须加强传媒机构的战略研究，确保其发展战略与时代要求相吻合，唯有如此，中国价值才能在现代化传播理念和传播手段的护佑下，走向世界，赢得世界。

（三）"三个全球化"

"三个全球化"就是传播受众全球化、传播信息全球化和传播影响全球化。

1. 传播受众全球化

传播受众全球化是一种理念、一种视野、一种胸怀，是传播实践对媒介技术高度发展的传播新时代的积极回应。这种理念要求传播者从民族主义、意识形态的桎梏中解脱出来，以全人类作为传播对象，然后依据不同群体的信息需求进行受众细分和分众传播。对于中国价值的世界表达而言，受众全球化既是提升传播效果的需要，也是彰显中华民族文化自信的需要。为此，我们必须将这一理念贯彻落实到传播实践中，并给予精心的培育和灌溉，使其绽放出绚丽的花朵。作为一个概念单元，全球化的受众拥有一个十分复杂的结构体系，并具有许多特点。首先，从整体上看，中国价值的世界表达是全球性的、开放性的、跨区域的、跨文化的传播行为，传播对象遍布世界所有国家和地区，所以，传播活动虽然具有明显的针对性和指向性，但就其行为属性而言，其受众面非常广泛。其次，中国价值世界表达的受众群体分布在不同的国家和地区。这些国家和地区与传播主体在政治制度、法律体系、宗教信仰、文化习俗等方面都存在各种各样的差别，这就决定了中国价值世界表达的受众群体构成十分复杂。最后，中国价值世界表达的受众不仅包括一般公民，也包括各国政府或组织，而且不同国家和地区的受众，因为国家立场、文化价值、认知态度等方面的不同，而在接受心理和习惯方面表现出不同的特点，这就注定了中国价值世界传播在受众细分方面存在异常丰富的多样性和异常鲜明的复杂性。那么面对如此广泛、复杂、多样的受众群体，如何才能找到有效传播的路径呢？答案就是在全球化的视域中探索分众传播道路，而分众传播的理论基础，就是进行科学的受众细分。

传播受众全球化是中国价值世界传播的必然要求和题中应有之意，唯有通过具有全球视野的传播实践，并在荆棘丛生的舆论环境中努力求索，才能拨云见日，打开中国价值世界表达的新局面，取得中国价值世界传播的新成绩，推动中国更深、更远、更顺利、更和谐地走向世界舞台中央。历史反复证明，一个国家和民族要在风云变幻的历史时空中行稳致远，不仅仅要有物质成果，更要有精神成果。中华民族要实现伟大复兴，中国要真正成为世界强国，还需要在文化传播上有所突破。从数千年文明中抽象和概括出来，与历史节拍紧密配合、与世界潮流彼此辉映的当代中国价值，便是新时代中国对世界文明的积极贡献，便是中华民族数千年上下求索凝聚的精神成果，便是值得向世界推介的精神文化。

中国价值的世界表达是迈向新征程的中国对世界文明的重大贡献，是中华民族文化传播的重要实践。这一实践要求我们必须紧紧拥抱受众全球化的包容理念，以开放的胸襟和情怀向世界积极表达中国价值，并以此展现一个富有人类情怀的文明古国在新时代呈现的新姿态。文明的进程注定是充满坎坷的，伟大而坚韧的中华民族一定能够在全球传播的新征程中谱写出绚丽华章，而中国价值也终将成为最美丽的文明之花，照耀苍穹，温润世界。但是，我们的确有很长的路要走，而这条道路能否减少曲折度和坎坷度，在很大程度上取决于我们的理念、智慧、能力和水平。而这些都蕴含在我们努力构建的中国价值世界表达体系之中。

2. 传播信息全球化

在互联网技术高度发展并影响到人类生活方方面面的今天，传播信息全球化已经成为不争的事实。新闻信息一旦进入空地一体化的"信息高速公路"，就将超越国界而自由飞翔，人们可以自由收听、收看，甚至还可以体验。对于中国价值的世界表达而言，传播信息的全球化是挑战，更是机遇。一方面，在全球化时代，在联通世界的信息网络上，能够影响信息传播效果的主要因素就是信息内容能否拨动受众的心弦、能否引起受众的共鸣，而其他的控制手段很难赋能信息传播实践。那么我们能否生产出世界人民乐于接受、希望获得且能够准确表达中国价值的高品质内容呢？这是我们面临的巨大挑战之一。此外，在便捷的信息传播网络穿梭的不仅有中国价值，还有美国价值、欧洲价值等。事实上，传播信息的全球化是把文化价值竞争放在了一个更为广阔但也更为激烈的平台上。而我们如何在激烈的竞争中立于不败之地呢？这也是在全球化时代中国价值世界表达面临的巨大挑战。当然，我们要坚信，在全球化传播的时代，我们有能力在风浪更大、空间更广的互联网之海上破浪前行，让中国价值获得世界的认同和理解。那么，如何让中国价值在互联网之翼的托举下飞得更高、更远呢？关键在于两个字——"内容"。事实上，无论媒介技术如何发展，"内容为王"的铁律都是不会改变的，因此，我们必须在内容的沃土上精耕细作，展示真实、立体、全面的中国形象。

3. 传播影响全球化

获得全球影响是中国价值世界表达的终极目标，实现这一目标既需要依托先进的传播技术，将信息有效送达受众，也需要以具有公信力、权威性、感召力的信息"捕获"受众。那么，中国价值何以实现全球影响，全球影响应该体现在哪些维度呢？对这些问题的深度思考同样是建构中国价值世界表达体系的重要基础，而从价值传播的特殊性出发，我们认为中国价值应该在以下领域得到充分体现，方可产生全球影响。

首先是国际政治领域和外交领域。中国价值世界表达的目标在于突破国内传播与国际传播的"楚河汉界"，站在"中国是世界的中国"的高度推进中国价值表达。但是，无法回避的现实是，地缘政治依然是当今世界格局的主要特征，因此，中国价值的世界表达必然与国际政治和外交事务紧密联系，并不可避免地成为国际政治和外交的延伸。那么，中国价值如何在全球范围内形成影响呢？最为重要的还是依靠媒体，依靠强势媒体。而在媒体选择方面，必须具有世界眼光，并坚持"不求所有，但求所用"的基本原则。国际传播的路径是宽广的，形式亦极其丰富，其价值和意义也各有千秋。但是，国际社会对某个国家的看法和认识，更多的还是来自媒体报道，特别是那些具有强大影响力的国际媒体。实践反复证明，传播实力雄厚的国际主流媒体针对中国所选择的报道议题和报道方式，会直接影响到国际受众对中国的形象定位和评价，有时甚至还会影响到国内受众对国家形象的定位和评价。可以说，长期以来西方社会对中国的负面印象就是由西方媒体倾向于报道中国的负面新闻而引发的。而这不仅仅是西方世界"狗咬人不是新闻，人咬狗才是新闻"的新闻价值观使然，更是媒体背后的政治力量和政治推手无法摆脱的价值偏见和冷战思维使然。面对横行世界的"媒介秃鹫"，我们要努力做到的是，通过建构系统、科学、高效的中国价值世界表达体系，提升中国价值世界传播的能力和水平，一方面引领西方媒体进行有利于展示和传播中国价值的"议题设置"，另一方面让关于中国的价值、中国的形象、中国的活力、中国的文明能够更真实、更客观、更生动、更完美地彰显在世界受众面前，让世界更全面地认知中国，从而收获中国价值的世界影响，为中国创造一个良好的国际政治、经济、文化和外交环境。

其次是文化领域。中国价值的世界表达必须直面的现实是我们要在一个英语文化主导和西方思维主导的舆论体系中寻求突围。在跨文化传播领域，英语是最主要的语言，而作为人类文化的载体，语言不仅主要是传递信息的工具，还在实际生活中塑造着人们对客观现实的认知，影响着人的思维、信念和态度等。[1]

---

[1] 郭可：《国际传播学导论》，复旦大学出版社，2004，第41页。

因此，英语国家占据着天然的传播优势，也必然收获最为丰厚的传播果实。大部分英语内容携带着英语世界的文化理念和价值观念，在五彩缤纷的人类文化花园里进行同质化占领，于是"文化多样性已经四面楚歌、岌岌可危，土著居民与文化，以及地方经验和知识，所受的影响较为严重"①。

那么中国价值如何通过有效的世界表达而在日趋同质化的人类文化园地中独树一帜、独占鳌头呢？这正是中国价值世界传播所肩负的神圣使命，而要完成这一使命，则必须推动中国价值的世界突围。中国价值的突围也是中国精神的突围和中国文化的突围，而要冲破政治、经济、文化、技术等各因素编织的中国价值传播壁网，需要从不同的维度在不同的层面进行探索。

一是本土化传播策略。顾名思义，"本土化"就是运用对象国语言、思维和话语方式传播中国价值，是中国价值国际传播突破语言和文化壁垒的有效路径。"本土化"概念起源于现代营销学，而事实上，中国价值的世界表达也是一种特殊营销，我们要通过全球化和世界性的营销，来塑造和传播良好的国家和民族形象，来获得世界性的价值理解和价值认同。总之，我们要通过中国价值的世界表达，努力在全世界范围内实现三个"超越"，即"超越政治与军事结盟的老套路，建立结伴不结盟的新型国际关系；超越以意识形态划线的老思路，走出相互尊重、共同进步的新型国家道路；超越你输我赢、赢者通吃的老观念，实践互惠互利、合作共赢的新理念"。② 那么，中国价值的世界表达如何走上本土化道路并收获所期待的理解、支持和认同呢？这就需要我们站在尊重人类文化多样性的基本立场上，让具有深厚文化底蕴和

---

① 关世杰：《国际传播学》，北京大学出版社，2004，第230页。
② 央视网：《五年再巧合，习近平这次出访中的"偶然"与"必然"》，《求是》2019年11月18日。

富有人类情怀的中国价值通过精妙细腻的语言和文化编码，转换成为目标受众最容易和最乐于接受的语言和文化表达。中国价值世界表达的本土化需要我们带着欣赏和尊重，去悉心研究世界文明之花，并在深入的交流和互动中，产出用本土化语言表达、富有本土化色彩、符合中国价值的文化产品，轻轻敲开目标受众的心灵，并让中国价值走进去。这是一个十分复杂而系统的文化建设工程，没有终点，没有结束，且必将伴随和护佑中华民族伟大复兴的漫漫征程，而事实上中华民族的伟大复兴，其基本表现形式便是中国文化的复兴和中国价值的复兴。

二是汉语国际化策略。汉语是中华文明最为绚丽的文明之花，其中凝聚的中国价值和中华文化十分精深，因此，汉语国际化是中国价值世界表达可以依托的重要路径。得益于中华文明数千年不间断的灿烂文明和改革开放以来获得的巨大政治、经济和文化成就，以及随之而来的广阔市场，汉语已经成为自带流量的语言之一，每年都有大量的人学习汉语，并在其中感受到中国价值的力量和中国文化的广博。但是，同英语相比，汉语国际化的道路还很漫长，还有很多艰难困苦需要去克服。那么，如何切实推进汉语国际化呢？我们需要以新思维、新举措、新技术努力去破解两大难题，即我们依靠什么载体去推广汉语和我们依靠什么样的力量去完成汉语国际化这一时代使命，担负这一历史重任。英语是怎样走向世界和深入世界的？在面对汉语国际化这一在中华民族伟大复兴的历程中具有重大意义的文化工程时，我们应该通过历史之镜来照亮前途。毫无疑问，英语的全球化并不仅仅依靠世界人民带有功利性的语言学习，因为客观而论，英语携带的文化和价值基因远远不及汉语丰富，仅凭工具主义式的学习，英语之于世界的深度和广度都会大打折扣。事实上，好莱坞大片（动画片）、主题公园、高品质的图书、影响力巨大的传媒机构等，才是英语走向世界的最重要的载体。换句话说，英语文化的繁荣是英语影响力不断提升并成为世界通用语言的主要动力。我们要借鉴英语全球化的经验，在秉持新的传播理念和拥抱新的传播技术，为中国价值的世界表达插上现代传播理念和传播技术"双翼"的基础上，更好地彰显数千年华夏文明特有的温度、厚度和力度，彰显文化魅力，以更高的水平推进汉语国际化、全球化。这就要求我们在文学艺术创作、影视作品生产、国际主流媒体建设、出版"走出去"、中国风主题公园打造等领域做出跨时代的努力，取得新成绩，让深厚的中华文化和包容的中国价值能够以更丰富、更迷人的形式展现。依靠什么力量来推进汉语国际化呢？仅仅是孔子所说的"四海之内皆兄弟""君子以文会友，以友辅仁"的主张吗？仅仅凭借几百所如雨后春笋般建立起来的孔子学院吗？仅仅依靠一两万名持有对外汉语教学证书的青年教师和数万名志愿者捧着几本主要介绍生活起居的汉语教材去上课吗？[①] 面对这些问题，学者们发出了一系列追问，并给出了坚定的否定答案，也指出了汉语国际化面临的处境与困境。学者们认为，推动汉语国际化，首先要培养和造就一大批具备高度道德觉悟和高水平专业知识的教师队伍，向世界推介优秀而精彩的中国文化，并尽快拥有和推出一系列承载当代中国价值的高质量精品教材。但是，即使能依靠国家力量尽快培养和造就一支高素质的对外汉语教学队伍，并且拥有高质量的精品教材，汉语国际化依然是狭义的，我们还应该拥有更多元、更强大的汉语国际化推动力量。这其中除了对外汉语教学团队，还应该有影视制作团队、作家团队、学者团队、外交团队、文化产业团队……总之，每个中国人都应该成为汉语国际化的一分子，不失时机地让内涵丰富、形式美观、穿越数千年时光而愈加熠熠生辉的汉语成为灿烂

[①] 陈永祥：《当前汉语国际化趋势下的文化发展战略意义讨论》，《北京教育学院学报》（社会科学版）2007年第3期。

星河，让中华民族的文明之光更广阔地照亮世界，让汉字蕴含的中国价值更悠远地温润世界。

第三节　中国价值世界传播理论体系的架构

中国价值的世界表达，根本目标是让中国价值形成令人敬仰的世界影响。如何形成影响力呢？"软实力"概念的提出者约瑟夫·奈认为有威胁强迫、金钱诱导、吸引感召三种途径。① 很显然，中国价值的世界影响不可能通过威胁强迫，这有悖于中国和平发展的理念，有悖于中华民族数千年来不断积淀与强化的"和为贵"思想，更有悖于中国价值本身的深刻蕴涵。同样，中国价值的世界影响也不可能通过金钱诱导来实现，这有悖于中国的国情，也有失大国风范，而且这种方式会为国际社会所诟病。中国价值的国际传播和中国国家"软实力"建设，唯一的选择就是通过优雅得体且富有吸引力和感染力的系统表达，让中国价值的博大情怀和独特魅力获得世界的认知、认可和认同。

那么，如何科学建构中国价值世界传播体系？中国价值世界传播体系建构的理论基础何在？带着这些问题回溯悠远苍茫的学术时光，在百花盛开的学术之园里寻觅，蓦然可见拉斯韦尔的"5W"模式穿越几十年时光而不凋零枯萎，且始终以独特的芳香，温润着传播学研究的广阔原野。② "5W"模式的芬芳使中国价值世界传播体系建构的前景豁然开朗，显然，这一历经几十年时光打磨仍然熠熠生辉的传播学研究范式便是构建新时代中国价

---

① 李希光、顾小琛：《舆论引导力与中国软实力》，《新闻战线》2015 年第 11 期。
② 1948 年，拉斯韦尔的经典著作《社会传播的结构与功能》问世，提出了脍炙人口的"5W"传播模式和社会传播的"三功能说"，距今已逾 70 载。

值传播体系最为坚实的理论根基。拉斯韦尔是传播研究的"四大奠基人"之一，他提出的"5W"模式将传播行为的整体过程划分为谁（Who）、说什么（say What）、通过什么渠道（in Which Channel）、对谁说（to Whom）、取得什么效果（with What Effect）5个问题，并分别对应谁来传播（主体）、传播什么（客体）、如何传播（媒介）、对谁传播（受众）和传播效果（效果）5个要素。"5W"模式为中国价值传播体系建构提供了可参照的逻辑框架，沿着传播主体是谁、传播的内容载体是什么、通过怎样的媒介传播、传播对象是谁、取得怎样的传播效果这一思路，置身新时代的传播情境，可以探寻中国价值传播体系的建构之路。

那么，"5W"是一个完美无缺的分析框架吗？答案自然是否定的，学术界没有"完美"，也无须追求"完美"，思想的彼此碰撞和"模式"的不断修正便是学术的魅力所在。事实上，对拉斯韦尔"5W"传播过程模型的批评从来就没有停止过，而其学术生命力也在此起彼伏的批判声中愈加旺盛，并始终产生着极为深远的影响。在对"5W"模式的众多批判者中，英国文化研究学派的代表人物、西方马克思主义文化批评家威廉斯的批判十分尖锐，他认为"5W"模式遗漏了对传播的社会意向这一维度的考量，并因此沦为抽象的理论，无法深入现实的传播本质。基于对"传播的社会意向"问题的高度关注，威廉斯认为应该在"5W"中再加一个"W"，即"为了什么"。在威廉斯看来，设立清晰的传播目标是传播实践的前提和起点，缺少了对"目的"的考量，整个传播行为将如自由散漫的风，传播效果也将无从考量，传播价值也必将大打折扣。除威廉斯之外，美国学者查理德·布雷多克也对"5W"模式进行了批判和修正，他在发表于1958年的论文《拓展拉斯韦尔模式》中提出，应该在"5W"的基础上再加上"情境"（Where）和"动机"（Why），将传播过程分为传者、受者、信息、媒介、效果、情境和动机7个要素。"7W"模式能够正视"在什么情况下"和"为了什么"进行传播这两个极为重要的问题，这无疑是对"5W"模式的一种正向修正。

当然，无论是拉斯韦尔还是威廉斯和布雷多克都身处特定的传播格局之中，他们关于传播过程的理解都有其特定的历史局限性。事实上，威廉斯和布雷多克之所以比拉斯韦尔的观点更进了一步，是因为其关注到了"传播的社会意向"和"传播的情景和动机"问题，其根源正是在他们的时代，传媒技术发展了，传播格局变化了，传者和受者的关系也变化了，人们对传播的本质的认识深化了。显然，威廉斯和布雷多克对"5W"模式的批判和修正是十分富有见地的，这种见地根源于他们对传播实践天然的意识形态属性的深刻体味，而对"传播的社会意向"和"传播的情景和动机"的考量，正是传播实践的意识形态属性的重要体现。

中国价值传播作为中国面向世界表达中国价值的行为和实践，与其他类型的传播行为相比，不可避免地具有更加鲜明的意识形态特征，更需要深入分析和研讨"传播的社会意向"和"传播的情景和动机"等问题，并切实以此作为逻辑起点，以运动的、变化的理念，立足于新时代的传播格局和形势，来建构具有科学性和可行性的传播体系，为传播目标的实现铸就坚实基础。而这其中，所谓的运动和变化，应该集中地表现在传者和受者的关系变化之中并综合考虑传播格局、传播媒介等多方面的变化，以确保中国价值传播体系具有开放性、包容性、互动性，最终提升有效性。因此，我们可以综合拉斯韦尔、威廉斯和布雷多克等传播学前辈的观点，以"7W"为基本模型，提出中国价值传播体系建构的基本理论框架。

就其本质而言，中国价值传播是中国建构良好国际形象，进而更深入、更广泛地融入世界和引领世界的重要路径，所以，在对"中国价值"进行明确界定之后，对"为了什么"和"在什么情况下"进行传播这两个问题的深度追问和仔细思考就成为影响传播实践有效性的重要因素，因此，应该把这两个"W"放在中国价值世界表达体系建构的龙头位置来思考和研究，确保传播实践的目标明确、方向准确和行为得体。此外，在信息供给丰富杂糅，受众争夺日趋激烈的传播格局下，传播必须彻底走出"魔弹论"的甜蜜幻境，直面"受众至上"的残酷现实，切实推动传播转型，确保所有的传播行为都是围绕"受者"这个核心展开。"传者"和"受者"的关系变化是传播实践中最具牵动力的一组变量，而对"受众"在传播实践中的重要性的全面认知并以此进行行为调整也就成为传播模式变迁的重要动力源。以对传播"情景"和"动机"的关注和对"传者"和"受者"的关系变迁的深度洞察为基础，结合新时代中国价值传播的特殊使命以及变幻不居的传播环境，我们可以从拉斯韦尔、威廉斯和布雷多克的学术观点中汲取营养和获取灵感，以"新7W"为基本架构，建构一个契合时代精神和富有时代特征的中国价值传播体系，即为了什么—在什么情况下—向谁—由谁—以怎样的讯息—通过什么渠道—取得怎样的效果。

图1　中国价值传播的"新7W"模型

学术界对"5W"模式的批判主要集中在三个方面：将信息的流动看作直线的、单向的，没有注意到信息回路和反馈；将传者和受者的角色固定化，忽视了传播的双向性和"传者"和"受者"的角色互换性；将传播的过程看作孤立的过程，没有涉及传播过程和社会过程的内在联动性[1]，而"新7W"理论框架不仅能够较好地回应这些批判，而且能够汲取其中的精神养分，从而深化对传播过程和实践的认识。首先，将"意向"和"情境"的深入分析作为传播实践的起点，将传播过程植入彼此联系的社会系统之中，在社会政治、经济和文化发展的大格局中，思考和认知传播实践，这事实上是传播实践的应有之意。其次，将"受者"放在传播的中心环节，在对"受者"进行深入研究和充分认知的基础上，确定由谁传播、传播何种讯息、通过什么渠道传播讯息等问题，不仅能够有效化解"魔弹论"中"受者"与"传者"割裂的问题，而且能够做到受众细分和精准传播，自然能够形成完整的信息回路，杜绝僵直的、单向度的传播带来的尴尬与困境。可见，"新7W"模式具有较强的理论张力，能够为中国价值表达提供分析路径，也能够拓宽中国价值表达的视野与维度。

但是，要让这一框架体系变得丰满而美妙，则需要以开阔的胸襟和广博的智慧，攫取新时代的养分，切实将其塑造成为富有实效性的中国价值传播体系。中国价值传播体系建构是一个非常复杂的国家软实力建设工程，需要将中国价值传播的多元传播主体整合为坚强有力的奋战团队，并不断建立和完善各司其职、各负其责、彼此配合、相互成就的良好机制；需要我们在充分研究受众心理的基础上，以全球视野和人类情怀为基调，产出大批能够承载中国价值且能够与中华数千年文明相匹配的思想和文化产品，以文化的魅力和现实的成就触动人心，感召大众；需要我们在充分研究受众接收信息渠道的基础上，并以坚定的文化自信，以最先进的技术手段，将承载着中国价值和精神理念的文化产品，走向世界并影响全人类。

为此，我们必须打牢一项基本功，那就是中国价值传播的受

---

[1] 董璐：《传播学核心理论与概念》，北京大学出版社，2017，第28~29页。

众研究，只有在了解受众、认识受众、尊重受众的基础上，我们才能够切实取悦受众，并获得受众的理解、支持和信任，完成中国价值世界表达所肩负的责任与使命，收获世界对中国的全面认知和深度理解，进而支持中国发展，促进中国进步。关于中国价值传播的社会意向问题，即"为了什么传播"的问题，是一个十分庞大而模糊的概念，因为我们都知道，中国价值传播的目的是对内凝聚社会共识、对外争取国际理解和支持。但是，如果我们的理解仅仅停留在这一形而上的表述上，那么同样难免陷入目标泛化带来的迷茫，而传播实践也会因为发端于一个庞大而难以把握的宏大目标而失去牢固的起点。因此，关于中国价值传播的社会意向问题的理解，应该做到"一个坚持"和"一个杜绝"，即所有的传播实践，都必须坚持以清晰明确且可以系统把握和精准评估的目标作为前提和基础，都必须杜绝空虚庞大且无法求证是否实现的空头目标。当然，所有的传播实践，最终都必须指向"对内凝聚社会共识、对外争取国际理解和支持"这一总目标，也正是基于对这一总目标的追逐，才必须以组织的力量，有效整合社会力量与智慧，从国家"软实力"建设的高度，推动中国价值传播体系建构的宏伟工程。

小　结

　　总之，作为上层建筑的重要表现形式，中国价值传播体系建构的成效关乎国家"软实力"强弱，关乎中华民族的精神状态和价值追求，是影响中华民族伟大复兴进程的重要因子。"欲渡黄河冰塞川，将登太行雪满山。"中国价值世界传播任重道远，需要付出超乎想象的努力与求索并在传播体系建构方面取得重大突破方可拨云见日。本书就是求索的一种方式，一种尝试，虽有诸多不足，虽显粗糙稚嫩，但期盼能成为引玉之砖。

第二章　中国价值传播的意向与情境

作为国家文化软实力建设的重要内容，中国价值传播有其明确的意向，并在特定的情境中展开，而"意向"与"情境"相关各要素的彼此纠缠，以及由此产生的力量交织便成为传播实践的现实场域。中国价值传播体系构建的旨归是在复杂多变的传播场域之中构建最佳的传播机制和寻找最有效的传播路径。因此，对中国价值传播的意向和情境进行系统分析，并且为"为了什么传播"和"在什么情况下传播"这两个问题寻找具体清晰的答案是中国价值传播体系构建的基础性工作，毫无疑问会影响中国价值传播的效果。

第一节　中国价值传播的意向追寻

正如威廉斯所强调的那样，传播实践如果忽略了对传播意向的关注，则难免会脱离具体的、特定的社会文化，难以找到具有针对性和实效性的传播路径，使传播效果大打折扣。[1] 中国价值传播的社会意向就是要通过务实有效的传播实践，让越来越多的人越来越全面和深刻地了解中国价值，并不断提高其对中国价值

---

[1] 参见付怡、张帅《共同体与传播批判——雷蒙·威廉斯的传播思想》，《东南传播》2018 年第 12 期。

的认可度，增强社会成员之间的凝聚力。然而，这一意向表述相对笼统，在具体传播实践之中，往往存在难以把握和不易考量等问题，进而影响传播行为的实效性。因此，在中国价值传播实践中，关注意向问题具有十分特殊的意义，而要深刻理解传播行为的意向问题，则需要系统梳理"意向性"概念的理论渊源和发展脉络。

一 作为哲学概念的意向性

在威廉斯将其引入传播学研究领域以前，意向性理论早已成为备受学界关注的焦点，并在多领域学术先驱的深度耕耘之下，凭借其独特的光芒，照亮了诸多探索者的前行之路。或许是源于其观照心灵的形而上色彩，意向性在哲学领域结出了最为丰硕的成果，并成为哲学中较为重要的一个概念。

关于意向性的哲学讨论最早可以追溯到柏拉图时代，[①] 随后，在托马斯·阿奎那、布伦塔诺、胡塞尔、海德格尔、弗雷格、罗素等人的悉心浇灌下，意向性概念在哲学领域的地位不断凸显，并作为现代西方心灵哲学中的一个新范式，持续滋养着人类哲学思想的深厚土壤。

尽管对意向性问题的关注与探讨源远流长，但是学术界普遍认为，"意向性问题在真正意义上开始成为一个哲学问题还是源于托马斯·阿奎那的使用与表述"。[②] 托马斯·阿奎那之所以是意向性理论发展中的一座里程碑，主要是因为他使用这一概念对心理意识现象的特征进行了说明，并明确提出"心理系意向活动唯一发生场所并且经由自身的意向活动对实在的或者虚拟的意向对

---

① 王姝彦：《分析传统中的意向性理论及其发展》，《科学技术哲学研究》2012年第2期。
② 王姝彦：《分析传统中的意向性理论及其发展》，《科学技术哲学研究》2012年第2期。

象进行内部建构"[①] 这一富有创新性的观点。托马斯·阿奎那的意向性认知的创新之处在于，他指出了人类意识活动的指向性，并且认识到指向的对象可以是具体的，也可以是完全虚构的，进而揭示了心灵认识和把握外在世界的基本路径——心灵对外部世界的认识和把握是通过其在自己内部构建与外在对象相似的意向对象的活动来实现的。正是得益于托马斯·阿奎那的努力，意向性问题研究逐步走向系统完整，并且为构建更加丰富多彩的意向性理论奠定了十分坚实的基础，让后人在此基础上领略了更为绚丽的风景，同时拓展了意向性研究的视域。

在托马斯·阿奎那之后，在意向性领域进行了辛勤耕耘并取得丰硕成果的是哲学家布伦塔诺，其最为突出的成绩是构建了意向性问题研究体系，他在意向性理论建构领域的贡献甚至可以比肩托马斯·阿奎那。布伦塔诺对意向性问题的深度思考源于他对心理现象与物理现象之分界问题的研究探索，他强调，意识（心理现象、心理活动）与对象之间存在不可分离的相互关系。布伦塔诺认为，厘清意识与对象之间关系的核心在于，对心理现象和物理现象进行清晰界定。事实上，关于心理现象和物理现象的界限问题一直备受争议，而清晰界定和准确区分这两种现象，又有助于人们确定何为真知，这无论是对于哲学领域还是对于心理学领域，都具有十分重要的意义。正是因为看到了这种重要性，布伦塔诺在这一领域进行了精细耕耘，并提出了独到见解，从而将意向性学说推向新的发展阶段。布伦塔诺不赞成当时较为流行的区分心理现象与物理现象的广延性标准，并在举实例明确二者不同性质的基础上，给出了清晰明确的意向性定义。布伦塔诺认为，心理现象是表象以及建立在表象基础上的现象，物理现象则是这一范围之外的所有现象，并就此明确了心理现象之于物理现

---

① 徐弢：《试论托马斯·阿奎那的意向性学说》，《学术论坛》2001年第1期。

象最大的区别性特征是意向性的内存在。[1]

将对意向性的哲学研究推向新高度的是布伦塔诺的学生胡塞尔。总体而言,胡塞尔对其恩师的理论充满敬意,认为"在描述心理学的类别划分中,没有什么比布伦塔诺在'心理现象'的标题下所做的,并且被他用来进行著名的心理现象和物理现象之划分的分类更为奇特,并且在哲学上更有意义的分类了"。[2] 但是,胡塞尔也充分认识到了布伦塔诺的意向性概念存在的缺陷,并以此为基点,开启了对意向性问题的纵深研究。胡塞尔赞同布伦塔诺关于心理现象的意向性理论,但是他认为布伦塔诺对意向性的解释把现实性领域和现象学领域混为一谈,并且其中有很多充满歧义性和模糊性的术语,需要对其进行现象学的"净化"。胡塞尔对意向性概念的现象学净化主要从不同的维度展开:一方面,胡塞尔将经验心理学和实在的对象进行了区分,只留下"纯粹"现象学的意向经验及其所描述的内容,并相应地放弃了布伦塔诺使用的"心理现象"或"物理现象"的术语;另一方面,胡塞尔着重对意向对象、意向活动的材料和质量、意向活动的本质等概念进行了澄清,为现象学奠定了十分坚实的理论基础。此外,胡塞尔还用"意向对象"(noema)来解释意向活动的指向性,并认为"意向对象"是意识的一种结构,它的存在明确了意识的指向性。[3] 总之,经过胡塞尔卓有成效的"净化"之后,"意向性"成为20世纪哲学领域最具有影响力的哲学术语之一,并成为现象学和心灵哲学的核心主题。

除布伦塔诺和胡塞尔之外,还有很多声名远播的哲学家在意

---

[1] 参见刘锐《论布伦塔诺对心理现象和物理现象的区分》,《学理论》2011年第12期。
[2] 胡塞尔:《逻辑研究》,倪梁康译,上海译文出版社,2006:431。
[3] 罗欢:《胡塞尔与舍勒在意向奠基结构问题上的不同进路》,《探求》2009年第4期。

向性研究的田野里辛勤耕耘，播种了五彩斑斓的思想之花。例如，海德格尔以意向性来描述人类的存在情境，并将其表征为事物的"在"，从而呼唤人类回归存在本身；① 舍勒采用意向性的概念，探讨人在宇宙中的地位，并做出了"认识超越的意向和姿态，是祈祷的、寻求上帝的本质"② 的判断；伽达默尔也十分重视意向性概念，并以此为出发点，努力营造一种文化情境。③ 总之，作为一个影响深远的哲学问题，意向性始终深受哲学家们关注，并滋养和丰富着人类的思想和心灵。在当下风云际会、波诡云谲的时代场域中，意向性研究本身也在不断经历转型，并作为揭开心理奥秘、解决语言的本质和意义等问题的关键而再度成为多个学科领域研究的重点。

二 嵌入传播学研究的意向性

推动意向性理论与传播学联姻，并以此拓展研究领域的是英国文化研究学派代表人物、西方马克思主义的文化批评家雷蒙德·威廉斯。威廉斯长期致力于建立一种文化研究与文本分析的理论框架，试图阐释文化产品与文化之间的联系。为此，威廉斯长期研究科技、社会制度与文化三者之间的内在关系，并提出了大众传播的文化社会学理论。威廉斯的文化社会学理论主要包括以下几个主要观点。

其一，大众传播是现代社会的重要文化现象。威廉斯十分重视大众传播在社会文化系统中的作用和地位，倡导人们更多地从传播角度去描绘和理解社会与生活，并认为传播关系是人类社会

---

① 李昕桐：《新现象学视域下的海德格尔早期"情境"思想探析》，《求是学刊》2016 年第 1 期。
② 罗欢：《胡塞尔与舍勒在意向奠基结构问题上的不同进路》，《探求》2009 年第 4 期。
③ 洪汉鼎：《论伽达默尔的"事情本身"概念》，《武汉大学学报》（人文科学版）2011 年第 2 期。

最基本的关系，传播活动是人类社会最基本的活动。

如果说，在威廉斯生活与思考的时代，传播活动是人类社会最基本的活动这一论断还需要学术透视方可洞见的话，那么，在万物互联的今天，传播的这种社会地位则是显而易见的。因此，在传播技术飞速发展的万物互联时代，我们完全有必要站在新的历史高度，从不同的维度出发，更深刻、更全面、更彻底地探究传播实践，而中国价值传播体系的终极目标，就是要通过建立健全传播体系，激发其自身的功能，以便获得良好的传播效果，更好地实现传播目标。因此，中国价值传播体系构建对于中国价值传播而言，不仅是一次深邃前沿的思考探索，也必然是一次充满困难和挑战的实践探险之旅。

其二，文化产品同社会制度之间存在十分紧密的内部联系。科技、社会制度和文化之间存在着千丝万缕的关系，剪不断，理还乱，而威廉斯的事业之一，就是要从这些错综复杂的关系之中理出清晰的脉络，以便更好地把握它们之间的关系及运作机制。在《漫长的革命》一书中，威廉斯重点论述了印刷业与不同的文化制度之间的关系，阐明了媒介产品研究应该杜绝就文本论文本的孤立分析，应让文本分析和社会场域研究深入互动，形成在社会场域中分析文本、理解文本的理念。威廉斯认为，大众传播这种文化现象以及基于大众传播的文化产品，不但与先进的传播技术发展密切相关，而且同科学发现与技术发明应用的社会历史紧密相联，同人类社会变动着的政治、经济、文化力量等紧密相联。

可见，威廉斯的文化研究理论倡导和强调的是一种整体的、历史的、动态的观点，展现了鲜明的历史唯物主义文化观。以历史唯物主义文化观为底色，威廉斯对以传播为核心的人类文化现象进行了深刻系统的研究：在整体的、历史的、动态的场域之中，对文化产品生产，特别是传播实践的社会意向进行深入探索，并以此为基点，展开对文化产品生产的系统研究。

其三，强调大众传播的社会教育功能。针对普遍流行的大众传播"为受众提供他们想要接受的内容"的观点，威廉斯指出，人们的文化水准是参差不齐的，人们的兴趣也是千变万化的，因此，认识"大众"，即大众传播的对象，要始终扣住"变化"这一关键词：以变化的思维、变化的形式设计完善传播模型，并在传播过程中，时刻牢记大众传播提升"大众"文化水平和能力素养的责任和使命。① 在传播实践中，大众传播一旦完全服从于"受众需要"，就必然会丧失自我并陷入失序状态。因此，坚持应有的立场、观点、导向，强化大众传播的社会教育功能乃是媒体实现自身发展的重要路径。

其四，对拉斯韦尔"5W"模式的尖锐批评。威廉斯认为，拉斯韦尔的"5W"模式对意向性问题的忽略是致命的，这种疏漏也是对所有真正的社会与文化过程的疏漏，并提出要在拉斯韦尔的"5W"模式之外，再加上一个"W"，即"为了什么"，以便深入讨论传播过程所涉及的意向与利益等问题。基于此，威廉斯对那些脱离了社会意向而抽象地讨论大众传媒在人的社会化过程中的作用的研究进行了批评，认为这样的研究难以触及问题本质，所得出的结论也无法反映客观现实，只能是浮光掠影。从对拉斯韦尔模式的批判出发，威廉斯还对美国传统的传播学研究进行了透彻观察，对其中普遍存在的脱离具体的、特定的社会文化过程而抽象考察大众传播的现象，以及把价值判断与研究者的介入等重要概念排斥在外的问题深感不满，并试图在美国社会文化研究领域引发一股系统论和整体论的热潮。威廉斯认为，美国正统的大众传播学避开了真正的传播社会学，以一种强调实证主义、经验主义的研究传统替换社会与文化研究，存在先天不足，他批评西方主流的大众传播效果研究，或者只考察传媒运作的表

---

① 西蒙德·威廉斯：《漫长的革命》，倪伟译，上海人民出版社，2013年。

面现象，或把大众传媒视为自行运作的系统。对此，威廉斯提出具体的传播实践的真正的社会意向常常与有关当局公开宣扬的意向有很大区别这一观点，并认为必须深度研究现实媒体的组织机构，而不是其显露于外的形式。综合上述威廉斯的观点，我们发现，要切实搞好传播效果研究，必须对传播的目的，即社会意向进行系统科学的考察。

其五，对麦克卢汉媒介理论的批判。基于社会意向理论在传播学领域的运用，威廉斯也对麦克卢汉的媒介理论进行了批判，认为在其理论体系中很难见到社会的踪影，理论本身无法解释不同的媒介特征、特定的历史文化情境、社会意向三者之间的相互联系。可见，威廉斯对麦克卢汉媒介理论批判的焦点依然是社会意向的缺失。

总之，意向性作为现象学的核心概念，在无数哲人的辛勤浇灌下，一直在学术研究领域闪烁着耀眼的光芒，而在威廉斯等文化学者的开拓之下，意向性的光辉照进了传播学研究领域，并丰富了传播学研究的内涵，拓宽了理解媒介的视野，提升了认识传播的高度，让人们能够更深刻地洞见传播的价值和意义，并从传播的角度，更深刻、更全面、更准确地认知和理解社会运行规则。

第二节　情境论的传播学运用

在《身处欧美的波兰农民》中，美国社会学家W. I. 托马斯与波兰社会学家F. 兹纳涅茨基用"情境"一词概括背井离乡的波兰农民在异域他乡的生产生活实践与当地地理、气候、文化等行为环境之间种种微妙的互动关系的总和。① 后来，德国心理学

---

① 托马斯、兹纳涅茨基：《身处欧美的波兰农民》，张友云译，译林出版社，2000。

家库尔特·勒温在其物理-心理场的理论中进一步探讨了心理环境问题,对行为和情境的关系进行了深度研究,并验证了情境对行为产生强烈影响的结论。在各领域众多学者的共同研讨和辛勤耕耘下,情境理论逐渐进入人类心理和行为研究者的视野,并在诸多领域闪烁着十分耀眼的光芒。

一 情境社会学的诞生

情境理论首先在社会学领域初露锋芒,其最重要的推动者是20世纪后半叶美国社会学领军人物欧文·戈夫曼。与心理学研究重点关注个体内在的性情因素不同,戈夫曼特别重视两个或两个以上个体共同在场的情境,因此,其分析对象是日常生活的微观情景与互动系统。戈夫曼认为,社会情境是互动秩序的基本运作单元,是自成一体的社会事实,是社会学研究不可或缺的分析对象,具有十分重要的地位。正是因为对"情境"的特殊观照,戈夫曼的社会学也常被称为情境社会学,而其"情境特征"主要体现在如下几个方面。

一是情境决定论。传统观点认为,"社会情境只是做出谈话的行动者和具有特定社会属性的行动者之间的几何相交构成的图景,本身不具有独立的属性和结构"。[①] 在这样的观点下,"情境"只不过是一个修饰性的词,只是空洞无物的背景和毫无意义的摆设,它本身无法构成可以独立分析的单元。戈夫曼对传统的社会情境认知提出了反对意见,他认为社会情境是"一种物理区域,在这一区域之内的任何地方,两个或以上的个体彼此处于视觉和听觉的范围之内"。[②] 可见,社会情境是由在场的个体共同维

[①] Erving Goffman, "The Neglected Situation." *American Anthropologist* 66 (6), 1964, p. 134.

[②] Erving Goffman, *Form of Talk* (Philadelphia, PA: University of Pennsylvania Press, 1981), p. 84.

持的小型社会系统，在这个系统中，所有参与者通过语言、行为甚至表情，进行着有意无意的信息交换，而在无处不在的信息交换中，物理区域实现了升华，转换成为具有社会学意义的实体场域，具有其独立的属性和结构，是自成一体的社会事实，是社会学研究不可或缺的对象。由此，戈夫曼也走上了社会情境研究的漫漫长路，并发现了瑰丽的学术景观，收获了影响深远的学术成果。

二是情境定义论。作为社会学研究的核心概念之一，情境定义始终滋养着社会学研究的广阔土壤，其基本含义是指人们在行动前对将要面临的情境所做的主观解释及其所带来的客观影响。20世纪上半叶，美国社会学家W. I. 托马斯将情境定义表述为"如果人们将情境定义为真实的，那么它们产生的结果也是真实的"。[①] 此后，罗伯特·默顿等社会学家在托马斯表述的基础上，对情境定义进行了更为完善的表述和更为深刻的阐释，广为流传的社会学定理——托马斯公理由此诞生。托马斯公理强调的是现实的社会建构意义，其基本含义是人们赋予情境的意义决定着随之发生的行为及其结果。

戈夫曼同样十分重视情境定义，但是对托马斯公理却进行了批判。他认为，托马斯公理仅仅能够在字面意义上保持其正确性，而如果将其置入丰富多彩、变化万千的社会情境当中，则会得出错误的结果。戈夫曼认为，情境定义是真实存在的，并且会产生一系列后果，但是这些后果对正在发生的事件的影响十分有限。也就是说，即便将情境定义为真实的，其产生的结果也未必是真实的，情境定义的真实与否，也并不是特别重要的。在戈夫曼的社会学理论中，情境定义是某一场域中的在场者用以建构和

---

① 参见芮必峰《人类理解与人际传播——从"情境定义"看托马斯的传播思想》，《新闻与传播研究》1997年第2期。

形塑他们共享的意义空间的主体间社会经验。在这一场域中，在场者不断地定义情境和编织意义并生产共享的情境定义。因此，共享的情境定义是情境存在的前提和基础，如果情境定义的共享性消失，则情境也会随之消散，而在场者则需要重新建构具有广泛共识的情景定义，从而建构新的意义空间。可见，在情境社会学的理论框架中，社会意义是一个开放的、流变的系统，它在情境中生产，随情境变化。然而，意义并不是偶然的、因时而异的情境产物，而是共享情境定义建构的产物，是一种互动式共识，也是一种生成于特定场域的秩序。

三是情境互动论。戈夫曼认为，特定场域中的个体，只有在对"这里正在发生什么"的问题进行深度思考的基础上，才会真正专注于当下情境，并采取不同的行为方式。然而，在大多数情境中，要准确回答"这里正在发生什么"并以最有利于自身的行为方式予以应对是个十分复杂的问题，因此，必须进行统一阐释和简化处理。如何对"这里正在发生什么"的问题进行简化处理呢？对此，戈夫曼引入了"框架"概念。[①] 戈夫曼认为，框架是一种通过互动得以维持的社会性的先赋和文化定义，当对特定情境中发生的适当行为达成普遍共识的时候，就产生了"框架形构"，进而形成社会秩序。"框架"概念的引入将更多的细节带入到情境之中，让抽象的情境变得具体而丰满。戈夫曼进一步指出，情境结构由多层级的认知框架和互动仪式构成，阐释性框架之间的相互关联是通过跨越不同层级的转译过程完成的。在此基础上，戈夫曼从自我如何呈现和认知如何共享两个角度对情境进行了深入分析。首先引起戈夫曼关注的是，行动者在社会情境中如何有效控制和调节自身行为的问题，他从印象管理、自我呈现以及策略性互动等角度提出了许多有趣的观点。此后，戈夫曼继

---

① 肖伟：《论欧文·戈夫曼的框架思想》，《国际新闻界》2010年第12期。

续深入研究，就行动者对日常经验的理解和共识如何达成这些问题进行了探讨，从而触及了更为根本的社会学意识问题，重构了传统社会学关于情境行为的结构性和意志论解释。

二 媒介情境论的提出

传播学家布雷多克对情境与行动之间千丝万缕的互动关系亦有深刻的研究，并以此为基点，就拉斯韦尔的"5W"模式对传播情境分析的遗漏进行了较为深刻的批判。布雷多克认为，弄清楚"为了什么传播"和"在什么情况下传播"是传播学研究的逻辑起点，忽略了目标分析和情境分析的传播学研究，将成为无本之木和无源之水。对此，布雷多克在拉斯韦尔"5W"模式的基础上，增加"2W"，提出了"7W"模式。事实上，在拉斯韦尔当时所置身的传播格局中，传播目标分析和情境分析的重要性和紧迫性并不突出，但随着传媒技术的发展和传播环境日趋复杂，传者与受者之间的关系不断变化，两者的重要性正在不断凸显。

在当下移动设备、社交媒体、大数据、传感器和定位系统等编织的现代传播格局中，从具体情境出发制定具体的传播策略就显得十分必要。遗憾的是，关于"7W"模式的研究和运用相对不足，而"5W"模式依然作为经典的传播过程分析模式在理论和实践层面得到广泛的讨论和关注，这种"遗憾"的存在恰恰说明"意向"和"情境"在传播过程研究中依然未引起足够的重视。事实上，将目标分析和情境分析的理念引入传播过程研究，将"意向"和"情境"的概念引入传播学研究领域才是接近传播本质和核心的重要路径，并将引发人们关于传播实践的思维方式的变革。令人欣慰的是，随着传播理论研究的深入和媒介思想的不断更新，"情境"概念已经越来越深刻地扎根于传播研究和实践领域，并产出了丰硕的理论成果。

将传播情境研究推向新的理论高度，并做出新的实践探索的是美国传播学家约书亚·梅罗维茨，他将麦克卢汉的媒介即讯息、波德的情境主义、波兹曼的媒介环境学等理论与戈夫曼的情境社会学有机结合，提出了媒介情境论。① 在梅罗维茨看来，媒介一旦被发明与使用，它自身就会塑造一种媒介情境来影响社会交往，并对个人行为和社会结构产生一系列的影响，而且不断变化的媒介形式会于无声处、无形中造就一个时期的精神特征，而这也正是媒介情境论的核心和精髓所在。媒介情境论是媒介认知的变革与升华，通过这一理论之舟，人们对媒介的批判实现了从日常生活中的整体性批判向关于媒介的性质及其塑造的媒介情境的批判过渡，从注重媒体形式的探究向注重媒体内容的批判过渡，从抽象化阐释向具象化分析过渡。媒介情境论是社会学、符号学、传播学、后现代理论等学科与思想的深度融合，是对人类传播文化的深度透视，其核心思想可概括如下。

一是对情境内涵的纵深拓展并赋予其新意。在传统的情境理论中，"我们在哪里"和"我们和谁在一起"是构建情境和理解情境的两个重要维度，而在梅罗维茨看来，情境是所有能够产生信息流通的情况的综合，是一个复杂的信息系统。梅罗维茨认为，在构成情境的信息系统中，地点和媒介无疑具有十分重要的地位，"地点和媒介同为人们构筑了交往模式和社会信息传播模式，地点创造的是现场交往的信息系统，而其他传播渠道则创造出许多其他类型的情景"。② 梅罗维茨的情境定义无疑是具有开拓性的，它丰富了情境的世界，也使我们更能洞见自己置身的现实

---

① 1985年，梅罗维茨出版了《消失的地域：电子媒介对社会行为的影响》一书，并在其中提出了著名的理论——"媒介情境论"。同时，梅罗维茨也坦承自己的"媒介情境论"是受戈夫曼的启发，称戈夫曼"在研究新媒介对社会角色的影响方面间接地提供了最多的思路"（约书亚·梅罗维茨：《消失的地域：电子媒介对社会行为的影响》，肖志军译，清华大学出版社，2002）。

② 约书亚·梅罗维茨：《消失的地域：电子媒介对社会行为的影响》，肖志军译，清华大学出版社，2002，第31页。

情境，更好地理解社会行为发生的真实场域。

二是媒介与社会环境之间存在着强大的彼此形塑关系。梅罗维茨坚信，新媒介的出现不仅能够引起物质空间的变化，也能打破人们对社会角色的固有认知，并催生新的物质和社会场景，从而引发社会环境的变化和人类行为的变化。因此，在梅罗维茨的理论中，媒介与社会环境呈现一种相互影响和彼此形塑的关系，即新媒介—新情境—新行为。沿着这一思路，梅罗维茨将研究重点放在电子媒介通过形成电子情境对行为产生了怎样的影响，以及这种影响如何产生上。他围绕情境这一主题，从新情境中谁接收信息、接收了怎样的信息、新情境中的信息传播模式与传统情境中的信息传播模式有着怎样的差别等角度，审视新的媒介情境如何产生影响的问题。梅罗维茨相信，媒介所营造的信息环境比通常意义上的物质场所重要，而在确定信息环境与物质场所的界限时，接触信息的机会是判断和辨别的一个关键因素；每个独特的行为都需要一种独特的情境，并且情境是动态和可变的，而大众媒介的运用会混淆不同情境的界限，将那些只适合某些人观看的演出原封不动地搬给了整个社会来观看。

三是新旧情境的融合是媒介发展的新趋势。梅罗维茨一直关注媒介的发展变化，而电子媒介的发展则给他带来了足够的灵感，于是，对电子媒介情境的关注与分析成为其理论的重要内容。梅罗维茨发现，随着电子媒介的不断发展，传统的时空隔绝和社会身份限定烟消云散，信息变得像自由的风，吹拂着社会的各个角落，并在不同的人群之间进行传播。于是，一个全新的信息系统被塑造出来，并深深地影响着人们的心理和行为，新的媒介情境也就从此诞生了。在梅罗维茨看来，电子媒介时代的到来，使我们所置身的社会环境发生了十分鲜明的变化，电子化、数字化、信息化成为每个人都必须面对的社会现实，而人与人之间的交往也从传统的空间和时间限制中解脱出来，实现了随时随地交往的自由。从传统情境制约之下解脱出来的社会交往，进入了一种更为随意、更为轻松的情境之中，同时伴随着这种解脱而来的是新的媒介情境的诞生，其特征是新旧媒介情境的深度融合与互渗。

总之，梅罗维茨理论的最为闪光之处在于，他将艰深的情境理论引入日常生活，并从媒介视角对社会微观行为进行观察和阐释。从学术脉络上看，梅罗维茨的媒介情境论显然是对伊尼斯、麦克卢汉、居伊·波德、戈夫曼、尼尔·波兹曼等前辈的理论的一种吸收、借鉴和拓展，是理解媒介、认识媒介的一种新视角，而以此为起点，学界对媒介的研究和运用发展到了新的高度。

第三节　中国价值传播的意向与情境场域

毫无疑问，意向性理论和情境理论对于更全面认识和理解中国价值传播的结构与功能具有十分重要的启示，而这种启示集中表现为：必须将"为了什么传播"和"在什么情况下传播"这两个问题纳入中国价值传播体系之中进行分析，并以此为逻辑起点，选择传播对象、确定传播主体、寻找传播路径、生产传播内容、考察传播效果。因此，建立针对传播实践的意向及情境的有效研究机制，是中国价值传播体系建构的题中应有之意。只有在充分考虑这两个问题的基础上建立传播体系，才能切实把握传播规律和洞察传播情境，并在纷繁复杂且变动不居的传播格局中为传播活动的开展提供系统化的保障，确保传播实践做到有的放矢，确保传播效果得以持续提升。

一　中国价值传播的社会意向

开展中国价值传播的目的和意义是什么？这是一个非常现实又略显宽泛的问题，以至于人们在进行传播实践之前往往忽略了对传播行为初衷的追问,而强化对这一问题的观照也是在新的传播格局中开展精准传播的必然要求。要精准定位中国价值传播社会意向的关键点,我们还需要回到中国价值的界定本身。在此前的表述中,我们将中国价值界定为"当代中国作为国家主体所持有和遵从的,关于建设怎样的国家、营造怎样的社会、培养怎样的公民、建构怎样的国际关系的价值准则和价值理想的综合体系,是社会主义核心价值观和构建人类命运共同体的价值理念有机统一的'双核心'结构"。换言之,在追问中国价值传播意向的时候,我们应该从社会主义核心价值观和人类命运共同体两个维度进行思考和审视。

(一) 社会主义核心价值观

就社会主义核心价值观而言,要全面理解其广泛传播的社会意向,就有必要从国内传播和国际传播两个向度进行科学区分,并以此为基点合理配置稀缺的传播资源,追求传播效益的最大化。

从国内传播的角度来看,社会主义核心价值观传播最为鲜明的社会意向就是要通过得体适宜和高效务实的传播实践,确保这一在国家层面凝练和倡导的价值观能够如春风化雨、润物无声,在潜移默化中浸润并滋养中华儿女的心灵,成为其最坚实的信仰;营造努力成为"爱国、敬业、诚信、友善"的社会主义好公民,为建设"富强、民主、文明、和谐"的社会主义现代化国家和"自由、平等、公正、法治"的美好社会而努力奋斗的良好风尚。

从国际传播的角度来看,社会主义核心价值观的传播也具有十分重要的意义。这种意义更多的是通过向世界展示中国在国家建设、社会建设以及公民培养方面的基本价值遵循,并让世界通过价值观的透镜,更全面、更深层地感知和领会中华民族自强不息、仁义博爱、爱国统一、和合天下的精神内核,从而更准确地认知和理解中国，并在国际交往中选择彼此理解和相互尊重的互惠互利和共赢发展之路。

可见，对于社会主义核心价值观的传播而言，国内传播是前提和基础，是重点和关键，其第一使命是将中华儿女凝聚成为建设富强国家和美好社会的强大力量，因此，宝贵的传播资源自然也应该向这一层面汇集。当然，作为国际社会认知和理解中国的"关键之窗"，社会主义核心价值观的国际传播也具有十分紧迫的现实意义。特别是，在当前风云变幻的国际形势下，以既开放自信又谦逊谦和的态度向世界表达新时代中华民族的价值理念、价值立场和价值追求，更是营造良好国际环境不可或缺的依托。因此，尽管风高浪急，尽管困难重重，但我们仍怀抱着促进世界人民心心相通的美好愿景而逆风飞翔，以数千年文明所涵养的气度和智慧，向世界表达中华民族充满人类情怀和富有大国智慧的价值立场。总之，社会主义核心价值观的有效传播既是中华民族聚气凝神和提升文化软实力的重要路径，也是中华民族塑造良好国际形象和赢得世界理解和支持的重要举措，对于实现中华民族伟大复兴的中国梦具有十分重要的意义。

（二）人类命运共同体

人类命运共同体既是一种外交理念和外交原则，也是一种极具包容性的价值观念，它致力于构建人与人之间、地区与地区之间和国家与国家之间多赢互动、共谋发展的关系。我们首倡并传播这一价值理念的意向就是希望通过切实有效的传播实践，使其成为全世界的广泛共识，并最终建立起相互理解、彼此包容、团结协作的新型国际关系和国际新秩序。

人类命运共同体理念具备坚实的物质基础、经济基础和群众基础：从物质的角度看，地球是人类共同的家园，只有世界人民彼此协作，才能集中智慧和力量，将这个共同且唯一的家园建设好，让人类赖以生存的地球不必去流浪；从经济的角度看，在全球化浪潮中，整个世界已经成为一个彼此往来和相互依存的共同体，闭关自守和自给自足的生产方式已经成为历史；从大众心理的角度看，世界人民都有着爱好和平和追求幸福的美好愿望，而构建人类命运共同体的最终指向是构建和谐世界。因此，这一理念具有十分广泛的群众基础，能够在不同国家和地区的广大民众中获得广泛共识。

遗憾的是，尽管时间的年轮已经行驶到 21 世纪，但是人类文明前进的步伐却略显滞重，如今的我们依然置身于一个对立和冲突此起彼伏的世界之中。这些对立和冲突侵蚀着人类文明，也伤害着人类共同的地球家园，人类命运共同体构建实践依然面临着重重阻隔和挑战，而这很大程度上来源于人类灵魂深处的对立思维。因此，从更深层次来看，人类命运共同体理念传播的社会意向在于消除人们头脑中根深蒂固的"他者"思维，并逐渐形成"咱们"理念。人类命运共同体理念的传播和人类命运共同体的构建是全人类共同的事业，关乎人类的前途和命运。这一理念的传播没有国际国内的界限，我们每个人都需要去热情接纳和积极倡导。随着人类文明程度的不断提升，这一理念也必将成为人类共识，并让美丽的地球绽放出更为绚丽的人类文明之花。

今天，在多极化继续发展、互动复杂博弈加剧的时代，人类命运共同体理念的价值和意义更加凸显，世界人民都有责任和义务为这一理念的广泛传播鼓掌欢呼。世界的命运掌握在各国人民手中，而建设美好世界的唯一路径就是坚持和弘扬人类命运共同体理念，并不断消除"他者"思维，逐步放弃对立的举动和冲突的戾气，同心协力、和衷共济，妥善应对各种问题和挑战。越艰难，应该越努力，在纷扰的世界里，我们应该愈加坚定构建人类命运共同体的决心和信心。

二 中国价值传播的情境分析

考察中国价值传播情境的根本目标，就是要对"我们在什么情况下传播中国价值"的问题形成清晰明确和科学全面的认知，并在此基础上，选择不同的传播路径，合理配置传播资源，以寻求传播效益最大化。审视中国价值传播情境同样需要沿着国内和国际两个维度出发，并且在具体的传播实践中，也必须更深入地分析传播活动展开的具体环境。

（一）国内传播情境

从国内传播的角度看，就宏观而言，对中国价值传播情境可做如下概括。

首先，中国价值传播在多元价值不断交流交锋交融的社会场域中展开。改革开放以来，中国社会经济文化发展越来越深地嵌入到世界发展整体格局之中，并在40多年的时间里，中国的面貌、中华民族的面貌发生了深刻的变化。社会、经济、文化的转型与变革必然引发集体思想观念的震荡和多元价值的碰撞，而作为活跃丰富的社会思潮的主要外化形式，多元的价值观念必然在生产和生活领域产生无法回避的交流和交锋，并最终交融于一体，形成新的社会价值场域，且深深地影响社会发展变革的趋势与走向，并让中国价值培育和践行的紧迫性和重要性日渐凸显。我们之所以倡导以社会主义核心价值观和人类命运共同体理念为"双核心"结构的中国价值，就是要让这一蕴含人类文明智慧和符合人类未来发展方向的价值观念引领多元多样的价值观，并成为多元中的主流，成为多数人秉持和遵循的价值理念，成为推动中华民族伟大复兴的内在动力和精神力量。

对于中国价值传播而言，现代社会多元多样的价值之间的彼此交流和尖锐交锋，以及由此形成的无处不在的冲突与碰撞便是其面临的最为主要的情境，而衡量中国价值传播效果的首要依据，便是中国价值能否有效引领其他价值观，并在五彩斑斓的世界价值观之林中成长为参天大树，成为中华儿女心目中最主流的认知和最牢固的坚守，并获得世界的广泛认同。

其次，中国价值传播尚无成熟范式。中国价值传播体系构建是一个十分复杂的工程，虽然经过多年探索，但仍未形成成熟范式，需要在实践中不断优化，而充分发现和研究我们的传播实践存在的问题和不足也是中国价值传播所处情境的重要组成部分。在这样的情境中开展中国价值传播，要求我们必须怀有一颗不断探索和奋进的心，并对所有传播实践的效果进行全方位的考察，同时，将传播实践本身作为求索和探析的过程予以审慎对待和稳步推进。对于中国价值传播活动的主导者和参与者来说，充分认识传播范式尚未成熟的问题，有利于不断开拓和创新传播模式，并努力探索和完善中国价值传播范式，而这种探索的历程，也是中国价值传播日臻成熟的过程。

最后，互联网时代的中国价值传播实践面临着更多的困难和挑战。信息技术的快速发展让世界进入了万物互联的网络时代，这是人类社会的一次伟大革命，是技术进步和科学发展带给人类的福祉。我们要展开双臂拥抱网络技术，让它像空气和水一般围绕我们，并科学运用于我们生活的方方面面，成为人类生活的幸福之源和灵感之源。

然而，对于中国价值传播而言，万物互联既是有利条件，也带来了诸多挑战：从有利的角度看，网络技术的兴起能够为中国价值传播插上网络的翅膀，以最快的速度传递到世界的每个角落；从挑战的角度看，由于互联网的普及，人们往往希望从方便快捷的互联网上获取信息，而互联网又是一个多元的信息场域，难以进行有效引导，置身其中的受众也难免受到纷繁复杂的非主流价值观念干扰。这些现象都在一定程度上影响着主流价值观的传播。单从信息传播角度来看，互联网是一个相对公平的世界，这种公平主要体现在政治和资本的力量很难对其进行有效控制，从而让各种观点和价值能够得以相对自由地传播。这种基于互联网技术的情境，要求中国价值传播活动必须从传统的"宣传思维"中破壳而出，以技术、内容和专业素养，在价值传播之战中赢得竞争优势。

总之，中国价值的国内传播在当前十分复杂的情境下进行，是一项十分具有挑战性的事业，而中国价值世界表达体系就是要通过不断的探索和努力，不断改善和优化传播情境，从而不断增强传播实践的实效和提升效率。

（二）国际传播情境

相对于国内传播，中国价值的国际传播面临着更为复杂的情境，而构成这一复杂情境的，除了基于地理空间的物理阻隔之外，还有千差万别的文化造成的理解鸿沟和瞬息万变的国际关系造成的信息流动壁垒。在文明间对话、碰撞不断增多的时代，对中国价值国际传播产生影响的因素主要是传播格局、话语体系、表达主体、国际环境、媒介技术等。这些因素在现实世界的彼此交织，以及由此产生的各种或明或暗的规制力量便是中国价值国际传播必须面对的情境。

一是舆论格局易变易动。互联网技术的蓬勃发展和广泛运用为人类信息传播带来了革命性的影响，也为世界舆论格局带来了颠覆性的变化。与传统媒体时代相比，网络时代舆论格局的颠覆性变化首先在新媒体领域充分地体现出来。在自媒体时代，人人都可以是记者，人人都拥有媒介信息平台，以往大众传媒、政府机构、企业机构垄断新闻源的格局出现了根本性改变，几乎所有人，都能够成为新闻发布者，且所发布的新闻，只要够"有料"，就能在互联网上迅速引爆和蔓延，并通过裂变式传播产生巨大的新闻冲击波。得益于新的媒介技术的发展以及互联网的广泛运用，众多"意见领袖"以各自独特的方式演绎着"一个人的通讯社"的传播神话。自媒体的快速发展对传统媒体影响力的挤压是十分明显的。作为一种新事物，它客观上带来了信息传播的多元化，这不仅有利于激发社会活力，也倒逼传统媒体向融合发展的方向进行新的探索，并发挥自身优势，重新在影响力争夺中获得优势。事实上，新媒体的发展和网络传播技术的广泛运用释放出一个极其强烈的信号，那就是国际传播和国内传播的边界正在消失，而这种消失是基于互联网技术的全球互通性。因此，我们在推动传播实践的时候更需要具备全球的视野和人类的情怀，用能够拨动人类心弦的话语体系去对话、去传播，而中国价值的世界表达更应该这样。

二是话语体系差异巨大。话语体系是特定思想价值观念和意识形态的重要载体和表现形式，是国家文化软实力的重要组成部分。因此，每个国家都会努力构建自己的话语体系，并将增强话语权作为对外交往的重要目标。从某种意义上讲，中国价值国际传播就是在世界话语体系的"丛林"之中开展的探索和探险之旅。要在复杂多变和险象环生的"话语之林"中找到突围路径，就必须深入研究和细致了解我们所置身的"丛林"，并在此基础上，科学探寻前进的方向和道路，否则，我们将被围困于其中。莽莽苍苍的世界话语之林，就是中国价值国际传播面临的重要情境之一，适应这种情境的路径就是构建真正融通中外的中国价值世界表达体系，确保中国价值世界表达的话语能够跨越文化鸿沟，能够消除政治壁垒，能够突破语言障碍，让中国价值借助富有智慧的话语载体，像风一样自由地在世界各地飞翔。

三是传播主体多样性特征愈加凸显。"去中心化"是当今时代的一大特征，而这一特征在传播领域的投射就是传播主体多元化和多样化。从传播效果的角度来看，多元多样的传播有利也有弊，其利在于能够立体形象地展示中国社会的方方面面，其弊在于传播实践将逐步转化为难以有效控制的社会存在，从而带来难以预计甚至不利的传播影响。而我们构建中国价值传播体系的目标就是要趋利避害，就是要扬长避短，就是要对多元多样的传播实践进行科学而有效的引领，构建更好的中国价值传播格局，优化中国价值世界表达情境。

四是复杂多变的国际环境深刻影响传播实践。国际环境是无边无际和深不可测的海洋，有时风平浪静，有时风高浪急，而今，正是波诡云谲、风起云涌之时，对于中国价值国际传播而言，这是挑战。从挑战的视角看，国际环境越复杂，中国价值传播面临的困难和壁垒就会越多，国家与国家之间的彼此防范之心就会愈加敏感，从而让中国价值的国际传播变得步履维艰，相较以往需要付出更多的努力，去获得相同甚至更小的效果。从机遇的角度看，国际环境越复杂，中国价值国际传播的重要性就愈加凸显，从而也会激发更多的智慧和汇集更多的资源，以更加务实而有效的举措去推进中国价值世界表达，甚至将其作为缓和国际关系的重要路径去开拓。

五是媒介技术发展不断引发传播形态变迁。媒介技术的发展往往会塑造新的传播形态并对传播实践提出新要求。如今，媒介技术的发展日新月异，大量新媒体亦如雨后春笋般随之出现，信息的生成、传播、接受与存储方式均发生了巨大变化，并深刻地影响和改变着人们的传播实践。基于互联网技术的新媒体最为显著的特征是即时互动功能，而这种功能在传播实践中的直接体现便是打通了传统媒体传播中横亘于传者和受者之间的时间和空间之"墙"，让二者之间能够更便捷地进行沟通，甚至能够在顷刻之间互换角色。事实上，几乎所有的传播实践都有"传者"和"受者"两个"灵魂"，而这两个"灵魂"的关系基本上决定了传播的形态，同时二者关系的变化也足以引发传播形态的颠覆性变迁。透过历史的透镜，哪怕是沿着时光的来路回溯十年，中国的传播形态都已经发生了革命性的变化。可以预料，随着媒介技术的继续发展，随着5G甚至6G技术的发展，在不远的将来，我们置身的传播环境和我们面对的传播形态还将继续发生翻天覆地的变化。由此可见，中国价值传播实践必然在一个变动不居的传播环境中进行，必然面对复杂多变的传播情境，各种难以把控的局面将不可避免地出现在我们的传播活动中。如何在充满变幻的格局中，找到并走稳走好中国价值传播之路呢？这是中国价值世界表达面临的时代挑战，而应对这种挑战的唯一出路便是汇集更多资源，集中更多智慧，以数千年文明特有的深厚底蕴为基础，以精益求精的工匠精神，务求实效，推进中国价值传播。

小　结

总之，明确中国价值传播的意向和剖析中国价值传播面临的情境是构建中国价值传播体系的重要内涵，而对这两个问题认识的深度和广度又将直接影响传播实践和传播效果。

第三章　中国价值传播主体

美国传播学者约翰·彼得斯认为，人与人之间是"无限遥远的距离"，交流是"没有保证的冒险"。① 约翰·彼得斯的忧郁和无奈写尽了交流的艰难。而从另外一个角度看，很遗憾的是人类的身体并不具备完成这样一个"没有保证的冒险"的生理条件。我们可能视觉受限，听觉不足，词不达意，思想含糊不清。我们每每需要借用外力才能将交流深入一步。我们所要做的，就是通过理论和技术手段让"无限遥远的距离"变得不那么遥远，让"没有保证的冒险"化为可以期盼终点的旅途，而这也正是我们建构中国价值传播体系的价值和意义所在。作为传播目标的设定者、传播活动的发起者、传播内容的引领者、传播过程的实践者、传播效果的控制者，传播主体是中国价值传播体系中最为关键的因素之一，我们必须对其进行深入研究，探索传播主体结构优化之路，以确保传播效果的不断提升。

第一节　传播主体概述

舆论是一个镜像，是现实世界的镜像，而这个镜像的生成又受到多种力量的制约。具体来说，我们看到的新闻、电视剧、电影都是被精心挑选和制作出来的，是舆论镜像作品，而非光

---

① 约翰·彼得斯：《交流的无奈　传播思想史》，何道宽译，华夏出版社，2003。

与影的自然组合。那么，为什么要对舆论的镜像进行加工和选择呢？很显然，这种规制的目的是确保主流传播活动为国家制度实施、意识形态宣传以及各种国家目标实现服务。离开有效的控制、没有富有智慧的创作，舆论将如脱缰的野马自由奔驰，甚至如洪水猛兽，产生不可控制的破坏力量。事实上，世界上所有国家都在进行舆论管控，也热衷于投入大量人力、物力创作能够承载国家意志的文艺作品。哪怕是时刻标榜新闻自由的国家，自由的天花板也是服从和服务于国家制度、意识形态以及各种各样的国家利益和国家目标，而在地缘政治格局下，这种规制的理由又往往非常充分。那么谁是舆论镜像的生产者和把关人呢？他们正是我们需要研究的、隐藏在变幻莫测、五彩缤纷的舆论镜像背后的传播主体。

一　谁是中国价值传播主体

谁是中国价值传播主体？对于这一至关重要的问题的回答始终受到"无主体"思想的缠绕，部分研究者甚至认为中国价值传播根本不存在独立而明确的主体，因而，对中国价值传播主体的研究也较为粗疏，以致至今没有形成全面而系统的理论范式。"无主体"思想之所以久久不散，主要是因为人们往往把中国价值传播视为一种大众传播活动，而在大众传播实践中，传播主体作为一种隐性的存在而与传播媒介融为一体，致使"传播主体"从学理上丧失了成为独立的研究对象之地位。实际上，除了中国价值传播之外，"主体虚无"的窘境也深深地困扰着国际传播，并已引起了相关学者的关注。曾任国际传播协会（ICA）主席的英国传播学家詹姆斯·霍洛伦就曾指出："以往的传统实际大都站在'谁'的立场上看待传播，无形之中把'谁'视为不必深究的已知数，至少也把它当成无关紧要的未知数，由此出发去探求取得最佳传播效果的途径。"① 事实上,"无主体"思维的存在对于中国价值传播质量和水平的提升是极其不利的,因为作为国家文化软实力建设的重要范畴,中国价值传播与普通大众传播最大的区别就在于,这一凝神聚气、固本强基的文化工程既具有大众传播的基本属性,又需要全体中华儿女以中华民族的伟大复兴为己任,怀着强烈的责任意识和奋斗精神,发挥各自的优势和特长去共同托举。"无主体"意识的存在不利于集合分散的力量,也难以凝聚起强烈的责任意识和使命意识。因此,作为开启中国价值传播漫漫征程的第一步,我们还需要对传播主体进行更深刻、更系统、更科学的研究,并对其进行清晰明确的界定,让中国价值传播主体"独立而明确"地彰显出来。

(一) 传播主体相关研究

虽然深度有限、影响有限,但传播主体研究领域也并非无法涉足之地:邵培仁在《传播学概论》一书中首先对传播主体进行了界定,认为传播主体是信息传播模式的第一个环节,也是传播内容的发出者;余小和也在《传播学视野中的马克思主义大众化》一文中提出了传播主体概念,认为"传播主体是在发出、传播、反馈过程中担负起控制传播方向、加工传播信息、传导能力功能的,发挥作用的个人或组织团体"。② 除此之外,还有一些学者从不同角度出发、站在不同的立场,对传播主体进行了研究,从不同侧面丰富着传播主体研究的内涵和外延。此外,国内外学者对传播主体大致持有国家主体论和多元主体论两种观点:国家主体论,就是以国家为基本单位,政府及其组织作为主要信息发出者,以大众传播为平台的传播活动;多元主体论,就是个人、

---

① 参见程曼丽《国际传播学教程》,北京大学出版社,2006,第 3 页。
② 余小和:《传播学视野中的马克思主义大众化》,《合肥师范学院学报》2011 年第 5 期,第 45 页。

团体、政府等不同主体，通过各种渠道开展的传播活动。

以上对传播主体的描述——无论是国家主体论还是多元主体论，都是对传播主体在某一阶段的内在特征的科学总结。但是，传播实践是一条流动的河，因此，对传播主体的分析和研究也必须是历史的、动态的。面对千变万化的传播形态，我们应清醒地认识到：传播主体也在不断地发生变化，如今在互联网的星空下，传播领域的传者和受众关系正在发生颠覆性变化，而这些变化又有力地作用于传播实践。这也正是我们要深度研究传播主体的原因所在。

回到价值传播本身，我们不难发现，价值传播是一种特殊的传播行为，其特殊性主要体现在两个方面：首先，价值传播具有鲜明的意识形态属性和文化软实力建设属性，其传播意向是对内引领社会共识，对外赢得理解与支持，具有非常明确的意向性和目的性；其次，其传播对象既包括国内受众也包括国际受众，既包括重点受众也包括一般受众，群体非常庞大，差别异常巨大，结构特别复杂，需要多层次、全方位策划和推进传播实践。基于以上两点，我们可以对中国价值传播主体做如下界定：中国价值传播主体就是推动以社会主义核心价值观和构建人类命运共同体理念为核心的中国价值在世界范围内广泛传播的行为和责任主体。

主流价值传播是在国家形成之后出现的，也会随着国家实力的增强和国际交往范围的扩大以及国家发展战略的改变而不断加大力度。基于其特殊的社会意向，价值传播的主导者往往是国家，而代表国家行使管理职能的各级政府部门则是直接主体。各国政府不但通过大众传媒向世界传递本国价值，还承担着价值传播的控制者与管理者的职责，并在主流价值传播策略制定、传播资源分配、传播体系构建等方面发挥着极其重要的作用。因此，在传统媒体主导传播过程的时代，作为国家意识形态建设和文化软实力提升的基础性工程，国家是主流价值传播的绝对甚至是唯一主体，并在内容生产、渠道建设、目标受众分类以及效果评价等方面发挥着绝对的主导作用。

（二）传受关系变化下的价值传播主体

在基于互联网的传播技术快速发展之后，价值传播中的传者和受众的关系正在发生越来越深刻的变化，而这种变化主要体现在双方的互动性得到极大增强。很显然，在传统媒体时代，传播行为基本上是单向的，受众虽然也会反馈信息，传播学研究者也非常重视传者与受众的互动，但是这种互动仅以"读者来信""听众来信""受众调查"等简单僵化的形式存在，是一种不平等的互动，所以传者与受众之间的界限十分明显，传播也不过是"没有保证的冒险"。基于互联网的传播技术兴起之后，受众可以更直接、更主动、更平等地与传者进行交流。于是，传统意义上的单向"传播"演变为双向的"交流"，原本的受众可以任意切换为传者，而传者亦可以马上转化为受众。

随着传者与受众关系变化而来的是价值传播形态也发生了相应的变化，其结果是，国家（政府）不再是绝对甚至是唯一的传播主体，政府之外的其他机构与个人也摆脱了依附地位，在中国价值传播中发挥着越来越重要的主体性作用。当下现象级的自媒体人物李子柒便是这种变化最好的注解。笔者提出"价值传播"的概念，也是因为有感于以下几点：其一，中国价值世界传播没有局外人，所有中华儿女都可以尽自己的一份力和一份情；其二，中国价值世界传播必须进入"精耕细作"的新阶段，必须有一个切实可行的理论体系指导和规范，只有这样，才能从粗放式传播的困境中突围，并取得更好的效果；其三，在传者与受众关系深刻变化的新媒体时代，作为中国价值世界传播的主体只有进行一场深度的自我革命，才能制作出具有生命力的传播产品，进而在波诡云谲、浩瀚的信息之海中赢得更多受众，也让受众能够在信息洪流中，更高效地获得有效信息，更清晰、更科学、更全面地理解自身生存和发展的世界。

可见，价值传播的主体也是一个历史的、动态的概念，随着信息技术的发展和变迁，越来越多的组织和个人都会加入进来，从而形成一个数量众多、层级分明的传播主体群，从不同的角度、以丰富的形式推进中国价值传播，并实现全方位、多角度、立体化的传播效果。

二 价值传播主体分类

正如前面所言，传播主体是一个动态概念，随着传播技术的变迁和传播格局的变化，有的主体会进入，有的主体会退出，有的主体地位会上升，而有的主体地位会下降，而且所谓的主体也是一个相对的概念。从目前来看，中国价值传播主体主要是政府、学校、企业和个人，它们从不同的角度构建着中国价值传播体系，发挥着中国价值传播的积极作用。

毫无疑问，政府是中国价值传播的绝对主体，而这种地位源自其特殊性。从国内传播来看，政府是中国价值的倡导者和推广者，其作为中国价值传播强势主体的地位无法取代。正是得益于政府的强力推进，培育和践行社会主义核心价值观的浪潮才能在中华大地涌动，中国价值也才逐渐成为中华民族全体成员共有的价值理想和价值追求。从国际传播来看，政府更是中国价值走出国门、走向世界的重要推手。这其中最为出彩的是大国外交，国家领导人辞章华丽、意蕴深刻的演讲，儒雅亲和、包容大气的风范，十分形象生动地诠释了中国价值，让丰富的外交实践成为一场场展现中国价值、中国理念、中国气度的文化盛宴。大国外交之外，丰富多彩的中国文化交流活动也逐渐成为中国价值世界传播的多元渠道，世界正通过底蕴深厚的中国文化不断树立更全面、更生动、更科学、更客观的中国印象。

学校是中国价值传播的重要阵地，也是中国价值传播的重要主体。走进一些校园，首先映入眼帘的便是宣传"富强、民主、文明、和谐、自由、平等、公正、法治、爱国、敬业、诚信、友善"的社会主义核心价值观的标语。自从在中国共产党第十八次全国代表大会上正式确立以来，社会主义核心价值观已经深深嵌入国民教育体系，进入校园、进入教材、进入课堂，并深深扎根于学生心灵深处，建设一个"富强、民主、文明、和谐"的国家，打造一个"自由、平等、公正、法治"的社会，成为一个"爱国、敬业、诚信、友善"的公民已经成为广大学子的普遍共识。因此，学校是中国价值传播当之无愧的主体，而推进此项工作的教育工作者，更是一个个更具体、更鲜活的主体。他们开展此项工作乃至事业的能力、水平和智慧，将决定着社会主义核心价值观在学校传播的质量以及其根植学生心灵深处的强度和韧性。此外，学校在中国价值国际传播中也占有十分重要的地位。这种地位主要体现在三个方面：一是国际学生的培养；二是学校中愈加深入和广泛的国际交流；三是不断拓展的国际科研合作。这些都可以成为中国价值国际传播的重要载体和平台，是可以不断开辟和深耕的中国价值国际传播富矿。

作为社会的重要单元，企业也是中国价值传播的重要主体。社会主义核心价值观和人类命运共同体都是抽象的概念，如天空中的云朵，美丽而遥远，需要转化成润物细无声的春雨，落到实处，让世界感受到滋润和甘甜，而企业的工匠精神、诚信精神、世界情怀正是中国价值具体化的重要表现。因此，无论是面向国际还是面向国内，企业都是中国价值世界传播的重要窗口。作为经营性社会组织，企业的本质是追逐利润，但是，"君子爱财，取之有道"，企业首先应该明确自身肩负的国家形象使命，并自觉担负起中国价值世界传播的责任。如果企业缺乏责任意识，无所顾忌地破坏环境、肆无忌惮地生产和销售伪劣产品、拖欠工人工资，那么政府和其他组织运用思想教育等方式建立起来的中国价值认同就会危如累卵。同样，走出国门、开拓国际市场的企业更应该明白自己肩负的维护国家形象的责任，需要更加严格地要求自己，通过树立可信、可爱、可敬的企业形象来丰富国家形象和传播中国价值。因此，我们必须加强对跨国企业的中国价值世界传播主体意识的教育，确保其在开发开辟国际市场的同时，也作为中国价值世界传播的使者和载体，让世界从中国企业的身上看到"富强、民主、文明、和谐、自由、平等、公正、法治、爱国、敬业、诚信、友善"的中国形象。

无论国际传播还是国内传播，人人都可以成为传播主体，特别是在互联网传播方兴未艾的当下，强调个人作为中国价值传播主体的必要性显得尤为重要。首先，从国内传播来看，个人参与中国价值传播的情况较为普遍，每天涌现的各种感人事迹，甚至每个在自己的岗位上兢兢业业工作的中国公民，都是中国价值传播的一分子，他们共同塑造了"爱国、敬业、诚信、友善"的公民群像。榜样的力量是无穷的，每个榜样都是中国价值传播的一笔财富。在中国价值国际传播中，个人的作用同样不可小觑，因为在国际视野里，每个中国人都是中国的代表，其言行举止代表的都是中国。因此，每个中国人都可以成为中国价值国际传播的责任主体和行为主体。为了让所有中华儿女都自觉自愿地肩负起中国价值传播的责任和使命，我们应该将中国价值传播的责任意识培养作为社会主义精神文明建设的重要内容之一，让中华儿女首先成为中国价值的真诚拥护者、自觉实践者和主动传播者。事实上，在大众传媒兴起之前，个人一度是国家价值传播的主体，在大众传媒兴起之后，个人传播的力量显得十分微弱，有时小到甚至可以忽略的地步。随着互联网的发展、新媒体的崛起，一个全新的、去中心化的、扁平化的信息空间已经形成，个人在中国价值世界传播领域必将拥有更大的发挥空间，个人在中国价值世界传播领域发挥的作用必将成为不可替代的重要力量，个人在中国价值传播中的主体地位将更加凸显。

三 价值传播主体的特征

价值传播是一项复杂的系统工程，价值传播主体也必须是一个立体多元的结构体系。虽然政府、学校、企业和个人都是价值传播不可或缺的传播主体，但是他们之间存在本质的区别，并具有各不同的特征。

第一，不同传播主体，属性不同。以政府为主体的传播活动是中国价值传播的主流，属于意识形态建设范畴，是国家文化软实力的重要组成部分。与其他传播主体推进的中国价值传播活动不同，政府传播具有绝对的权威性，其大多数传播活动属于典型的"硬传播"。当然，随着传播格局的发展和变化，政府传播也越来越讲求策略，从"硬传播"到"软传播"过渡的趋势越来越凸显。以学校为主体的中国价值传播是政府传播的延伸，在政府的领导和要求下推进，属于文化传播的范畴并兼有政治传播属性。以个人为主体的中国价值传播实践依托互联网的发展而存在和发展，具有分散性、随意性的特征，是源于爱国主义和文化自信的自发行为，其传播规律和传播要求都与其他组织性传播有着本质的区别。

第二，不同传播主体发挥的作用不同。在价值传播领域，不同传播主体发挥作用的路径和方法是不同的。其中，政府作为强势主体，主要通过安排部署相关传播活动、发表专题文章、制作专题节目、发表相关报道和评论等方式，实现国家价值传播，并努力实现统一舆论、统一意志、统一行动的目标，对为中国价值赢得世界认同具有巨大的推动作用。如果说以政府为主体的中国价值传播是疾风骤雨的话，那么以课堂传播和学术传播形式出现、以学校教育为主体推进的中国价值传播更似和风细雨，润物无声，产生的影响也会相对长远和持久。以企业为主体的中国价值传播更是与受众的生产生活息息相关，能带给人最直接的温暖和体悟，影响同样不可小觑。个人在中国价值传播过程中的作用看似微小，实则强大，因为每个以实际行动践行中国价值的公民都如同浩瀚星空里的一缕光，可以汇成灿烂星河，照亮美丽的星空。如今，越来越多的中华儿女成为自觉传播中国价值的责任主体，这就是中国价值传播效果最好的体现。此外，各种社会组织在中国价值传播的过程中，也都发挥着各自应有的作用，只不过他们的影响有的是显现的，有的是潜在的，有的是即时的，有的是在将来渐渐凸显的。

第三，不同传播主体发挥作用的路径不同。政府作为强势主体，掌握着大量的传播资源，特别是媒体资源，因此，全方位、多角度运用媒体是其发挥作用的主要路径。学校不掌握媒体，却掌握着学生、掌握着课堂，因此，运用教育资源传播中国价值是其发挥作用的基本模式。企业以营利为目的，主要依靠附加于产品和服务的中国价值元素来传播中国价值。个人在中国价值传播中的活跃度在新媒体崛起之后不断提高，除了自古以来一直存在的言传身教之外，使用微博、微信公众号、抖音等自媒体进行中国价值传播是其发挥作用的主要方式。相较于个人，社会团体作为中国价值传播主体常常以综合性的路径推进中国价值传播，而在日益全球化的新时代，社会团体发挥中国价值传播主体作用的路径也越来越丰富和广阔。

第二节 价值传播主体建构的美国做法

我们应该建构一个怎样的中国价值传播主体结构呢？美国作为一个主流价值传播的成功案例，我们可以从其核心价值观传播主体建构中获得启示。因此，在深入讨论中国价值传播主体建构之前，有必要对美国价值传播实践中的传播主体建构实践进行研究，以便取他山之石，攻己之玉。

一　美国价值传播主体之间的关系

有学者在研究美国价值传播的过程中提出，可以将美国核心价值观传播主体分为组织、群体、大众传媒和个体四大类型。[①] 透视美国核心价值观传播历程，不难发现，美国核心价值观传播的四类主体形成了一个密切配合、相互支持的有机整体，强大的推动力、托举力由此产生，并形成强劲的动力源，不断推动美国价值观在全世界广泛传播。对美国核心价值观传播四类主体之间彼此支撑的关系，可做如下简要概括。

一是既彼此分离又相互依存。在美国，政府是价值传播体系的建构者和组织领导者，不仅要直接策划和推动核心价值观传播，还要统筹和协调群体、大众传播和个体等主体之间以及受众之间的传播行为。大众传播媒体被称为美国的"第四权力"，能够相对自由自主地发挥美国核心价值观传播主体的作用。此外，在美国，群体和个人都有比较自由和宽阔的传播空间，并形成了自己较为特定的传播领域和传播风格。总之，在美国，核心价值观传播的四大主体之间，在空间上相对分离，彼此之间的掣肘较少。

当然，美国核心价值观传播主体之间也体现了较为明显的相互依存关系。例如，美国政府与大众传媒之间虽然有分歧，但更多的是合作；群体与政府和传媒之间，同样建立了一种彼此支撑的关系；哪怕是个人，在核心价值观传播的过程中，都无法也无须做到完全独立，而是要在政府的引导、媒介的助力和群体的帮

---

① 宋明明：《美国核心价值观传播主体研究》，硕士学位论文，昆明理工大学，2017，第 11 页。

助下进行，才能有力量。可见，美国核心价值观传播的四类主体既相互独立，又彼此依托，它们从不同层面、不同角度，汇集了美国核心价值观传播的广泛力量。

二是既相互影响又彼此渗透。美国核心价值观传播的四类主体之间还存在相互影响和彼此渗透的关系，也正是这种关系，才让它们之间的联系更为紧密，配合更加顺畅。例如，美国政府作为美国核心价值观传播的控制者，必然要对其他传播主体的传播行为施以直接或间接的影响，而其他传播主体的传播行为和实践，又不断地丰富着政府在核心价值观传播领域的实践。

三是既共同发展又各有创新。面对不断变化的受众群体以及日新月异的技术环境，美国不断调整价值传播体系建构模式，而在流变的传播格局中，不同的传播主体既共同发展又各有创新。首先，从共同发展的角度来看，美国核心价值传播的各类主体均主动运用新技术、应对新形势、接受新理念，并注重传播实践的时代性，使其充满活力、贴近受众。其次，从各自的创新角度来看，无论是组织、群体、大众传播媒体还是个人，都站在各自的立场，从不同层面探索美国核心价值观传播路径，并以不断变化的受众心理为依据，进行传播话语改进，确保传播实践不落俗套、新意满满，始终能够获得受众的好评与青睐。

二　美国价值传播主体的运行

（一）运行模式

研究美国核心价值观传播实践，不难发现各传播主体之间有着十分鲜明的角色定位，并形成综合运用各种手段，共同发挥作用的传播格局。它们将核心价值观成果融会在政治、经济、文化等社会生活的方方面面，以较为隐秘柔和的方式传播其核心价值观。总的来看，美国核心价值观传播各类主体之间的角色定位是："组织类传播主体主导公共传播，群体类传播主体承担公民教化，大众传播主体勾画公民社会化新图景，个人类传播主体助推社会参与。"① 那么，美国核心价值观各传播主体是如何有效运行，让美国核心价值观扎根美国和走向世界的呢？事实上，在美国热闹的核心价值观传播现象背后，可以抽象出其有效运行的基本模式。

第一，执政党为美国核心价值观传播提供核心动力。毫无疑问，执政党是美国意识形态的重要守护者和美国国家文化软实力的重要建设者，它们始终把对作为主流意识形态的重要组成部分和国家软实力重要体现的社会核心价值观的引导、传播作为十分重要的任务来抓，并源源不断地为美国核心价值观传播提供核心动力。美国执政党对核心价值观传播的倡导和推动是具体的、细致的。有学者提出，这种推动和引导主要通过"执政党精英的言论"和"政党纲领的价值观蕴涵"两种方式来实现。② 事实上，除了执政精英的言论和政党纲领的价值观蕴涵之外，执政党对核心价值观传播的主体作用更多体现在大量的资源投入上，正是有了足够的资源注入，美国核心价值观的大树才能持续抽枝长叶。

第二，大众传播媒体让抽象的美国价值大众化。对于美国核心价值观传播而言，大众传媒发挥了很好的编码和解码作用。通过大众传媒的解码和编码实践，抽象的美国核心价值观成为生动的人物形象、感人的故事情节和脍炙人口的新闻评论。因此，大众传播媒体在美国价值观传播实践中，毋庸置疑地成为除政府之外的第二支力量，其价值和意义不可估量。在枝繁叶茂的美国大众媒体中，好莱坞大片和迪士尼是一支独特的力量，它们生产的电影产品蕴含着深层次的文化价值立场，以极大的吸引力与亲和

---

① 宋明明：《美国核心价值观传播主体研究》，硕士学位论文，昆明理工大学，2017，第 23–24 页。
② 陈延斌、刘绍娜：《欧美核心价值观的传播路径及其对我国的启示》，《吉首大学学报》（社会科学版）2013 年第 3 期。

力获得世界范围内大量受众的追捧。有媒体统计了全球电影票房前十名,它们分别是《阿凡达》《泰坦尼克号》《星球大战7》《侏罗纪公园》《复仇者联盟》《速度与激情》《复仇者联盟2:奥创纪元》《哈利·波特与死亡圣器》《冰雪奇缘》《钢铁侠3》。① 这些电影的制片国家无一例外都是美国。美国电影只是美国核心价值观传播的一面镜子,照见的是美国在核心价值观传播方面的精细用心和深厚积累。更重要的是,除了受世界欢迎的大片之外,美国还有几乎覆盖全球的"美国之音",这"声音"以不同的语言和丰富的话语模式表达着美国的价值立场,甚至还致力于建构其他国家和民族的核心价值,具有十分广泛的影响力和深层的破坏性。

第三,国民教育把美国价值播种在受众的心田。国民教育是美国核心价值观传播的重要渠道,学校是推进美国价值观传播的重要阵地,也是美国价值观培养的重要机构。那么,美国学校是如何成为核心价值观传播的主体的呢?有学者认为,美国政府并不制定统一的教育标准和管理措施,而是通过教育拨款、领导人对价值观的倾向性表达等隐蔽手段,加强对国民教育的控制力度。② 此外,美国学校无一例外地高扬爱国主义旗帜,并如重视宗教仪式一样,重视爱国主义教育,除了经常举行升国旗、唱国歌、国庆典礼和传统节庆文艺演出等活动,几乎所有学校的学生从小学到高中,每天都向国旗致敬,并宣读《效忠誓词》。③ 事实上,除了旗帜鲜明、仪式庄重的爱国主义教育之外,美国学校还采用价值澄清、道德推理、价值分析等灵活多样的方式开展核心

---

① 尤哩娱乐:《全世界票房排名前十电影 漫威成最大赢家》,2020年7月28日,发布于腾讯网。
② 陈延斌、刘绍娜:《欧美核心价值观的传播路径及其对我国的启示》,《吉首大学学报》(社会科学版)2013年第3期。
③ 玛雅:《像美国那样灌输爱国主义》,《环球时报》2011年8月11日,第14版。

价值观教育。① 总之，美国学校在积极发挥核心价值观传播主体作用方面取得了显著的成效，有许多值得借鉴的做法。

第四，非政府组织助推美国价值传播。非政府组织是在地方、国家或国际上组织起来的自愿性、非营利性的公民组织②。在大众的印象中，作为非营利性机构，非政府组织往往能够超越各方面的利益掣肘，站在更公允、更科学的立场上发表观点，因此更易于获得民众的信任。非政府组织最近几十年来在公共管理领域崛起，且日益成为重要的新兴组织形式，而美国是世界上非政府组织发展最为充分的国家之一。美国非政府组织在核心价值观传播方面发挥着积极而有效的助推作用，并已成为重要的参与者，甚至成为某些领域价值观的倡导者。

（二）运行的基本原则

虽然美国核心价值观传播主体的运行模式各不相同，但在其丰富多彩的传播实践背后，可以抽象出共同的运行特点，洞见其核心价值观传播主体的基本运行原则。

一是坚持受众本位的运行原则。美国是"魔弹论"的发源地，但是，价值传播领域却很少鲜明地体现传播本位的特点，相反，美国核心价值观传播的过程一直较为清晰地呈现受众本位的运行原则。所谓"受众本位"就是指在信息传播活动中，以最大限度维护受众的根本利益为出发点，以满足受众获取信息的需要为己任，以提高受众的思想、政治、道德和科学文化素质为目标，全心全意为受众服务。③ 这是一种态度，也是一种认识，是

---

① 艾政文：《美国学校核心价值观教育的方法、途径及启示》，《教学与管理》（中学版）2010 年第 6 期。
② 陈延斌、刘绍娜：《欧美核心价值观的传播路径及其对我国的启示》，《吉首大学学报》（社会科学版）2013 年第 3 期。
③ 宋明明：《美国核心价值观传播主体研究》，硕士学位论文，昆明理工大学，2017，第 25 - 26 页。

对受众的尊重，也是对受众地位的肯定。而正是这种态度的长期存在，使美国核心价值观各传播主体能够切实从受众需求出发来制定传播策略，进而推动传播效果提升。

二是传播内容的文化性。研究美国核心价值观传播实践可以很明显地发现，无论是组织、群体、传媒还是个人，都很少用口号式的宣扬来传播核心价值观，而是力图为美国核心价值观寻找合适的载体，将核心价值观传播转化为文化传播，为美国的核心价值观传播插上文化的翅膀。事实上，对在文化传播中体现核心价值观，或者说以文化为载体传播核心价值观，全世界都具有十分广泛的共识。然而，将具有浓厚意识形态色彩的核心价值观转化为触动人类柔软心灵的文化符号和文化产品，这一过程充满艰难和挑战，有时还未必能够收到理想效果。因此，美国以文化的形式对核心价值观进行解码、编码和传播的经验无疑是值得借鉴的。

三是传播实践的渗透性。美国核心价值观各传播主体十分注重核心价值观在日常生活中的建构和加强核心价值观在社会各个方面的引导，让抽象的核心价值观溶解在具体的日常生活里，让核心价值观的基本精神在生活实践中得以强化。例如，作为美国核心价值观传播的重要主体，美国十分注重企业文化的培育，而企业文化又与美国核心价值观紧密关联，人们在感受美国企业文化的同时，也能感受美国核心价值观，并增强认同感。

总之，在各传播主体的密切配合下，美国营造了十分优越的核心价值观传播环境，让核心价值观融会在美国民众日常生活中，让民众乐于接受和主动传播，从而筑牢了美国核心价值观的社会根基。同样，美国核心价值观也以丰富多彩的文化产品为载体，在世界各地广泛传播，并在世界不少国家和地区引发了"文化保卫战"。

三 美国价值传播主体建构的启示

显然，美国核心价值观建构能够取得良好的效果，与其拥有一个彼此合作、密切配合、良性互动、结构科学的传播主体具有十分重要的关系。有了这个结构严谨、动力十足的传播主体体系，美国核心价值观传播自然会充满活力、动力和创新力。洞悉美国核心价值观传播主体运行规律，对于我国正在深入开展的中国价值传播实践具有十分重要的意义，我们可以从中获得如下启示。

第一，核心价值观传播主体必须有坚定的内核。核心价值观传播是意识形态建设的重要内涵，是国家文化软实力建设的重要路径。世界上几乎所有国家都把社会核心价值观建设摆在思想文化建设的重要位置，而且越是强大的国家越重视核心价值观建设。作为全世界核心价值观建设成效最为卓著的国家之一，美国的核心价值观传播主体虽然多元多样，但是，政府显然发挥了对其他传播主体的引领和统筹作用，也为其他主体的有效运作创造了良好的条件。因此，政府是核心价值观各传播主体中坚定的内核和轴心，有了这个内核和轴心，各主体的传播活动才能彼此配合和相互补充，成为产生合力的有机系统，获得了"1+1>2"的传播效果。

第二，建构各传播主体之间联动整合的协同机制。美国是民族大熔炉，兼收并蓄、海纳百川是其重要的文化特征。所谓"兼收并蓄、海纳百川"，首先"蓄"和"纳"的就是多元价值。美国之所以能够以核心价值观引领和统筹多元价值观，形成既有主流价值引领，又有多元价值映衬的价值形态，其基本做法就是形成了政府和其他核心价值观传播主体之间联动整合的协同机制，产出了多元主体合力传播核心价值的综合效应。那么，美国核心价值观各传播主体之间形成了一种怎样的联动机制呢？我们可以将其归约为三个方面：一是政府运用法律规范、财政支持、政策鼓励、国家荣誉感召等多种手段鼓励、引导和支持更多的主体积极主动地参与到核心价值观传播实践中；二是在国内营造人人关心、人人参与、人人有责的美国价值观传播环境；三是对各传播主体的职责职能、作用向度等进行有意识的引导，并鼓励各传播主体结合各自的特征、发挥各自的优势，从不同侧面和不同的向度开展价值观传播，从而形成了一个全方位、多角度、高效率的价值观传播主体结构。

第三，注重价值观传播的内容载体建设。美国核心价值观传播各主体均十分重视价值观传播内容载体建设，让具有鲜明意识形态色彩的核心价值观"蕴藏在大家普遍接受的方式方法中，通过载体将内容传播出去"[1]。避免生硬直接地传播核心价值观是美国核心价值观传播和意识形态建设给予世界的重要启示。好莱坞大片、迪士尼乐园、麦当劳快餐等都是美国核心价值观传播的载体，但是，作为受众的我们，看到的只是生动的人物形象和跌宕起伏的故事情节，而这些生动的人物形象和故事情节背后，又体现着无处不在的美国核心价值观。因此，核心价值观传播的深度、广度和效度，事实上取决于内容载体建设的能力和水平。

第四，重视核心价值观传播人才培养。人才队伍建设是社会核心价值观主体建设的重中之重。如果没有一支具备专业素养、富有家国情怀、勇于创新探索的人才队伍来专司核心价值观传播之职，那么所谓的核心价值观就只能是一种美好愿望，其对内就不可能成为统领公民价值观的最大公约数，而对外也就无法获得广泛的认同、理解和支持，传播的目标自然也就无法实现。美国

---

[1] 宋明明：《美国核心价值观传播主体研究》，硕士学位论文，昆明理工大学，2017，第27页。

核心价值观传播，无论是从其主体建构而言，还是从内容载体建设而论，都是多年辛勤耕耘结出的丰硕成果，其中值得我们学习借鉴的东西很多，我们既要虚心学习，又要总结经验和教训，在自己的土地上精耕细作，培育出更为绚丽多姿的核心价值传播之花。

第五，价值观传播与国民教育深度融合。出于"二十世纪六七十年代盛行的相对主义德育理论与形式主义德育理论的认真反思，以及社会各界为改变其糟糕的道德现状的实现诉求"[1]，美国学校开始加强核心价值观教育，并启动探索核心价值观教育与国民教育深度融合的探索之路。经过半个多世纪的探索，美国形成了核心价值观传播与国民教育深度融合的基本途径：一是学校通过开设专门课程来推进价值观传播与国民教育的融合，科学研究和精妙设计确保了课程能够精准传播美国核心价值；二是通过优化学校的物质环境和精神环境，切实将校园建设成为核心价值传播场域，让身在其中的学子能够随时随地感受到核心价值观的存在，接受核心价值观的滋养，进而促进核心价值观传播与学生核心价值观的形成和发展；三是开展丰富多彩的课外活动，建设以核心价值观传播为主旨的第二课堂，"帮助学生体验和践行自律和自爱、合作与团队精神、尊重与责任感、归属感和奉献精神等道德价值"[2]；四是通过建立学校与家庭、社区紧密互动的协作机制，构筑学校、家庭、社区优势互补、彼此联动、密切配合的思想道德教育网络，确保学生能够全方位、全时段得到有效的价值引领。

---

[1] 艾政文：《美国学校核心价值观教育的方法、途径及启示》，《教学与管理》（中学版）2010年第6期。

[2] Edward F. Deroche & Marry M. Williams, *Education Hearts and Minds: A Comprehensive Character Education* (Corwin Press, 1998).

第三节　中国价值传播主体建构

如果将中国价值传播体系建构喻为建设一座结构复杂的宏伟大厦，那么，传播主体便是其设计者和建筑师，它们的理念、智慧、技能、知识结构以及用心、用情、用力的深度和广度，都将影响甚至决定这座大厦的外部形态、精神气质和内部蕴涵。因此，对于中国价值传播而言，传播主体建构具有十分重要的价值和意义，其建设成效将直接影响传播效果。

回溯传播学研究近百年历程，无论是从实践还是从理论的角度分析，传播主体建构问题，即对"谁来传播"的追问始终在社会传播结构中居于首要的地位。然而，关于传播主体研究的成果却相对有限，在不知不觉中，"传播控制研究"似乎取代了"传播主体研究"在传播学理论和实践中应有的位置，不少缺憾也由此产生，而且传播学发展的速度和研究的维度也因此受到了影响。当然，从"传播控制研究"向"传播主体研究"的回归也的确需要特定的发展格局。在万物联通的互联网星空下，在解构与建构的风景交相辉映的新传播时代，站在新的高度、从新的视阈，对中国价值传播的主体进行深度研究和扎实建构显得尤为紧迫。作为中国价值传播行为的发起者、主导者，传播主体是整个传播体系的灵魂和核心，没有强劲有力的传播主体推动，中国价值传播的所有理想都将难以实现，中国价值也就容易陷入写在纸上、挂在墙上、喊在嘴上的传播陷阱，难以真正深入民心、走向世界，更难以获得世界的认可。因此，我们有必要将主体建设作为中国价值传播体系建构的灵魂和龙头，并切实将这一灵魂塑造好，将这一龙头舞出彩。

一　中国价值传播主体建设现状

传播主体问题研究之所以长期徘徊在"传播的控制研究"之中，主要是因为在传播实践中，"主体"基本上是理所当然的，似乎不需要作为一个论题进行研究。在中国价值传播实践中，主体建设似乎也是一个伪命题，因为一旦"中国价值"的基本内涵确定之后，作为国家文化软实力建设的重要举措，体制的力量便会自上而下，掀起中国价值传播的热潮。因此，人们便会认为，政府是中国价值传播的主体，从而忽略了具有重要意义，而且直接影响甚至决定传播效果的主体建构问题，忽略了关于是否能够打造更科学、更合理的传播主体结构，进而形成更强大的传播力量，实现更良好的传播效果等问题的深度追问。

社会主义核心价值观传播的成功经验表明，政府只是而且也只能是社会核心价值传播的主导力量，而不能是唯一力量，良好的社会主义核心价值观传播效果源自不同的主体从不同的层面和不同的维度，以丰富的形式和手段推进传播实践。事实上，要切实提升中国价值传播水平，使其不仅为大众所知，更被大众理解和认同，而且激发起大众主动传播、践行和弘扬中国价值的无限热情，需要从"中国价值传播责任在政府"的固有成见中走出来，并在深入研究和认知中国价值传播规律的基础上，建构一个以政府为引领和核心，广泛汇集社会各方面力量和人民大众智慧的传播主体结构，进而凝聚起强大坚实的动力源，推动中国价值传播实践上水平、上台阶、上层次、见实效。显然，在中国价值传播主体建构实践中，我们尚处于起步阶段，还有诸多问题和困难需要解决，还有不少短板需要补齐，还有太多的领域需要探索。探索中国价值传播主体建构的未来之路的前提和基础是深刻洞察其当下状态，对于中国价值传播主体建构的当前格局，可以从四个维度审视。

一是主体意识之维。作为中国价值传播的主导者、推动者和引领者，各级政府的主体意识十分强烈，主体地位非常明显，主体作用发挥充分。但是，中国价值传播需要的不是政府"一枝独秀"，而是要动员和吸引社会组织、企业、大众媒体和公民个体积极参与，构建"一个好汉三个帮"的汇集众智、众志成城新格局。显然，中国价值传播的当下实践还过分依靠政府主体，官方色彩较为浓厚，其他主体的力量调动和发挥不到位、不充分的情况显而易见。民间资源和社会力量之所以尚未在中国价值传播实践中充分发挥作用，其根源在于企业、社会团体、大众媒体和公民个人等尚未充分意识到自己的主体地位，从而缺少发挥优势和特长、自觉投身中国价值传播事业的积极性、主动性和创造性，大部分甚至还停留在受众的彼岸。因此，作为中国价值传播体系建构的重要内涵之一，需要探索一种激发主体意识的有效机制，激励各传播主体积极主动地投身于中国价值传播活动之中，并发挥主体之作用。

二是责任意识之维。日新月异的传播技术以及变动不居的传播格局不断引领着传播情境变动和传播范式革新。在新的传播情境中，关于传播主体的"国家主体论"已逐渐式微，"多元主体论"渐成主流。就中国价值传播而言，几乎所有主流文献都认为政府、团体、大众媒体和个人是当仁不让的主体。但仅靠强化"独立而明确的主体"并不一定能激发出中国价值传播的强烈责任感和使命感。如果没有责任意识和使命感，那么主体的主体性将无从体现。因此，责任意识必将是衡量中国价值传播主体建设成效的重要维度。

从责任意识的维度来看，中国价值传播主体建设显然还面临着更多的挑战，而其中最为严峻的挑战就是如何通过切实有效的手段和方法，将中国价值传播的责任感和使命感卓有成效地播撒在中华儿女的心灵深处，并由此建构起中国价值传播的主体结构和动力系统。从当前的情况来看，政府作为引领者和主要动力源，其责任意识十分强烈且行动有力、举措得当。也正是在政府的强力推动之下，无论是社会主义核心价值观还是人类命运共同体理念均得到了很好的传播，全中国乃至全世界对中国价值的认知水平也在不断上升。但是，除政府之外，无论是团体、企业还是个人，其他主体均尚未清晰明确地认识到自身在中国价值传播中的责任和义务，当然也尚未体现出推进中国价值传播的积极性、主动性和创造性。因此，探索形成能够有效激发各类主体责任意识的体制机制，确保各传播主体自觉履行中国价值传播责任是中国价值传播体系构建面临的重要挑战之一。

三是能力建设之维。中国价值传播的有效推进需要各传播主体具备一定的传播能力，否则，不仅传播的效果难以得到提升，而且传播的方向和路径也可能出现偏差。因此，作为中国价值传播体系建构的基础性工作，传播主体的传播能力建设应该得到高度重视，并以切实有效的手段和方法加以推进。

当下，传播能力建设是一个非常紧迫的问题。传播的格局在改变，传播的受众在改变，各类传播主体必须从"魔弹论"的错觉中实现自我解脱，在"话语权"逐步消解的新时代和全媒体语境中获得"话语力"，更好地发挥中国价值传播的主体作用。那么，中国价值传播各主体的传播能力如何呢？对此，可以通过审视其中的绝对主体和关键核心——政府来管窥全貌。其在价值传播中，"对新时代政治文明的传播不够生动，缺乏符号化、具象化的传播元素和生动性、新颖性的叙事结构；对价值理念的引导不够充分，造成价值传播的柔性功能缺失，不能满足公民对新时代生活的更高层级的价值需求；对现实话题的关注不够全面，政府传播的政务内容与社会公众关注的现实生活脱节和错位"[①] 等

[①] 冯春海：《从"话语权"到"话语力"——全媒体语境下"政府传播能力建设"路径探寻》，《新闻爱好者》2019年8月6日。

问题依然存在。至于学校、企业、社会组织等其他中国价值传播主体，它们作为政府主体的延伸而存在，政府在中国价值传播中存在的问题和不足，同样会或多或少地映射在其身上。

四是力量汇聚之维。中国价值传播之所以需要由不同主体共同发力，是因为不同的传播主体有不同的优势，只有这些力量有效汇集并成为一个紧密联系、彼此支撑、优势互补的有机结构，才能形成中国价值传播的合力，并产生"1＋1＞2"的集合效应。

显然，中国价值传播各主体尚未形成有机结构，各主体的力量尚未得到有效汇集，因而也就缺乏以开拓创新的精神和中华民族的智慧推进中国价值传播的动力系统。如何将各主体的传播力进行有机整合，并由此建构一个高效运转的中国价值传播体系呢？破解这一难题可以说是中国价值传播体系建构的核心，而要解决这个问题又需要对另外两个问题做出清晰明确的回答和界定。第一，由谁来对中国价值传播主体的传播力量进行有效整合？第二，如何才能对中国价值传播各主体的力量进行有效整合，以形成强劲有力的动力系统？关于由谁整合中国价值传播主体力量的问题，显然只有政府才有能力承担这一使命，而要实现这一使命，首先需要进行自我主体建设。就中国价值传播而言，政府的主体建设道路仍然是漫长和曲折的。当下，至关重要的是应该在顶层设计方面做更精深的探索，并形成一套更加有力的组织和领导体系，统筹推进中国价值传播事宜，而其建设的核心便是第二个问题所涉及的，将中国价值传播各主体的力量进行有效调动和科学整合，以打造中国价值传播的强大动力系统，推动中国价值传播能力和水平的持续提升，并以此服务于中华民族的伟大复兴。

二 中国价值传播主体建构的时代场域

美国传播学家卡尔·霍夫兰对传播进行了极简概述,将其表述为:"一个个人(传播者)通过刺激(通常是语言性的)来改变他人(受众)的行为过程。"① 显然,霍夫兰对传播的抽象化界定对于人们理解传播是有利的,它有利于我们将传播实践作为一个整体结构进行理解和把握。但是,离开抽象的理论表达,置身复杂的传播实践,我们必须明白,这一"过程"在特定场域发生、受特定场域的限制,具有无可争辩的时代性,而这种时代性同时作用于传播者、传播媒介和传播受众,并最终建构成对应于不同时代的传播情景。因此,要理解传播过程以及这一过程中的诸要素,就必须还原其发生、发展和变化的场域,而传播体系构建本身便是要对这种场域做出科学、务实、有效的回应。

作为传播活动的发起者和引领者,无论处于怎样的场域之中,传播者的传播能力都是影响传播效果的决定性因素,因此,建设富有战斗力、创造性、创新力的传播主体集群都是传播体系建构的前提和基础。那么,如何切实有效地开展中国价值传播主体建设,让中国价值传播实践中不可回避的主体泛化、虚化、弱化等问题迎刃而解呢?对此,有必要深入研究中国价值传播主体建设的时代性,以便更好地寻求突围之路。时代的发展和技术的进步带来了传播格局和媒介生态的深刻变化,其中最鲜明的特征是新媒体大行其道、信息传播的去中心化、信息互动的及时性与普遍性,而这些划时代的新变化也对传播者提出了更多的要求。因此,研究中国价值传播实践所处的时代场域是推动中国价值传播主体建设的重要内涵之一。那么,新媒体时代的中国价值传播

---

① 卡尔·霍夫兰、欧文·贾尼斯、哈罗德·凯利:《传播与劝服:关于态度转变的心理学研究》,张建中等译,中国人民大学出版社,2015,第336页。

主体建构面临着怎样的社会场域呢？我们可以从如下几方面来认知。

第一，新媒体时代是传播模式变革的时代。究其本质而言，中国价值传播属于意识形态建设范畴，是国家文化软实力建设的需要。在传统大众媒体时代，只需要开动宣传机器，就能将中国价值如种子一般播撒下去。但是，在新媒体时代，国家宣传机器的权威在不断被消解，播撒的"种子"如果得不到受众的欢迎和接纳，就无法生根发芽，更无法开花结果。因此，作为中国价值的传播主体，无论是政府、组织、团体还是个人，都必须适应传播模式的新变化，主动去研究受众所喜、所需、所愿，并慎重选择传播渠道，让中国价值的"种子"深深地埋藏在广大受众的心里，并外化为公民建设美好国家、社会和力争成为优秀公民的自觉行动。

第二，新媒体时代人人都是传播主体。新媒体时代的传播是"超时空、裂变式、低门槛的传播"[1]。在这样的传播格局中，每个人都有可能通过互联网发出信息，并有可能引发一场舆论讨论[2]，形成一个特别复杂的舆论场。对于中国价值传播而言，这是机遇，也是挑战。机遇在于我们可以突破原本存在的时空限制，可以更为广泛地延展中国价值传播的空间；挑战也显而易见，要在一个碎片化、去中心化、娱乐化的传播生态中，有效传播中国价值，让其在喧嚣的传播环境中凸显出来，成为主流并引领多元，其难度可想而知。对于当前新媒体时代我们面临的传播情境，美国学者尼尔·波兹曼在其著作《娱乐至死》中进行了这

---

[1] 孙立伟：《新媒体视域下社会主义核心价值观的传播主体研究》，《中国青年社会科学》2018年第5期。
[2] 根据中国互联网络信息中心第47次《中国互联网络发展状况统计报告》，截至2020年12月，中国网民规模为9.89亿人，其中手机网民规模达到了9.86亿人，网民中使用手机上网的比例为99.7%。

样的总结:"一切公共话语日渐以娱乐的方式出现,并成为一种文化精神,我们的政治、宗教、新闻、体育、教育和商业都心甘情愿地成为娱乐的附庸。"① 波兹曼的观点可能过于悲观,娱乐的力量也未必如此强大,但是,新媒体时代的传播情境之复杂却是千真万确的。作为传播实践的发起者和推动者,中国价值传播主体必须深刻认识并以切实有效的举措和方法对复杂的传播情境做出回应,以实现最佳传播效果。要进入这种状态,所有的传播主体都必须科学准确地认知和把握各自的"主体责任"。这需要适当的引领,而对于这种引领政府责无旁贷。

第三,新媒体时代是传播主体与客体融合互渗的时代。在传统大众媒体时代,传播的主导权由政府或是少数人掌握,受众更多处于被动接收信息的境地。但是,在新媒体时代,传统的主体和受众的地位正在发生越来越深刻的变化,甚至出现了传播主体与客体融合互渗的现象,而这种融合与互渗表现为传播主体与客体的角色随时能够发生转化。新媒体时代的传播主体变化,已经引起了学术界的关注,一些学者提出了"二元传播主体"和"三元类型结构"等较为新颖的观点。其中,"二元传播主体"指的是传统媒体时代的传播主体与传播客体在新媒体时代共同成为传播活动的主动方②;"三元类型结构"指的是职业新闻传播主体、民众个体传播主体和组织传播主体③。事实上,新媒体时代的传播主体变迁,迎来了更为复杂的传播生态,这种生态的背后是传统信息权力在新媒体时代的消解,揭示的是信息平权时代的到来。中国价值传播主体要在信息权力消解的平权时代,获得理想

---

① 尼尔·波兹曼:《娱乐至死》,章艳译,广西师范大学出版社,2009,第5~6页。
② 葛学彬、范征、李松林:《网络传播学视角下马克思主义大众化传播主体系统研究》,《理论导刊》2018年第1期。
③ 杨保军:《"共"时代的开创——试论新闻传播主体"三元"类型结构形成的新闻学意义》,《新闻记者》2013年第12期。

的传播效果，更是一种极大的挑战。但是，我们无须怀念信息集权的时代，我们需要以更大的热情、更多的智慧去拥抱"平权时代"。如何在信息的"平权时代"占据传播优势，并实现传播的预期目标呢？这需要传播主体付出更多的努力，并以顺应时代要求和迎合受众喜好的信息编码能力抢占传播高地以赢得受众。

第四，新媒体时代是人才脱颖而出的时代。如果说在传播主体具有媒介掌控权力的传统大众媒体时代，中国价值传播主体是依靠对媒介的占有和控制在传播竞争中获得比较优势的话，那么在媒介控制优势逐步消失，内容的"王者"地位更加凸显的新媒体时代，中国价值传播主体更多地需要依靠内容的吸引力和权威性获得竞争优势，并在复杂多变的传播格局中脱颖而出。因此，新媒体时代的话语权和传播力竞争将更加鲜明地体现为传播人才的竞争。

专业人才对中国价值传播水平提升的支撑表现在不同的维度：首先，从政府的角度来看，只有配备一支具有专业能力的工作队伍，才能确保中国价值传播的顶层设计不跑偏，并且能够与不断发展的世界传播格局相适应；其次，从大众传媒的角度看，专业人才的大量加入，有利于更好地处理好传者与受众的关系，切实生产出更多能够被受众广泛接受的传播产品，获得更好的传播效果；再次，从企业的角度来看，更多具有专业素养的人才加入中国价值传播的工作，同样有利于企业更好地发挥中国价值传播的主体作用；最后，从学校的角度来看，一些具有传播学背景的专业人才加入，将有利于完善学校推进中国价值传播的路径与方法，让中国价值通过课堂传播和学术传播更深刻地根植于莘莘学子的心灵深处。

第五，新媒体时代是传播理念转换的时代。随着传媒技术的发展，人们的沟通交流方式正在发生急剧变化，信息的传播与接收过程也在发生着颠覆性的变化。中国价值传播必须在新的媒介生态中推进，中国价值传播各主体必须适应这些新变化，并以新的理念规划和安排各自的传播实践，否则，将难以实现期待的传播效果。

三 中国价值传播主体建设的基本路径

毫无疑问，传播主体建设是中国价值传播的基础性和前提性工作，只有以务求实效的精神和开拓创新的理念抓好此项工作，才能让中国价值无论是在对内传播还是在国际传播中都取得显著成效，成为提升国家文化软实力的重要举措。那么如何切实加强中国价值观传播主体建设呢？在借鉴国际成功经验和分析存在问题的基础上，本书认为应该抓好五个关键环节。

第一，要筑牢中国价值传播的群众基础。筑牢中国价值传播的群众基础，首先就是要讲清中国价值传播的重要意义，讲明白抓好中国价值传播对于国家文化软实力提升和中华民族伟大复兴的重要意义。只有将中国价值通过通俗易懂的方式讲到广大民众的心坎上，中国价值传播的各行为主体才会引起高度重视，并发挥聪明才智来做好此项工作。

如何切实讲清楚中国价值传播的重要意义，让中华儿女自觉行动起来呢？我们认为应该从三个方面引导受众。一是对于国家而言，核心价值观的有效传播，对内可以凝聚力量，让广大人民群众向着共同的理想和目标而努力；对外则可以争取更广泛的国际理解和支持，为全面建设社会主义现代化国家营造更好的国际环境。二是对于企业和其他社会组织而言，积极传播中国价值是为国家建设做贡献，可体现其社会担当和社会责任，也是增强企业和团体凝聚力与向心力的重要手段。三是对于个人而言，主动传播中国价值不仅可以体现个人的社会责任和担当，同样也是提升自我能力和素养的重要路径。总之，要切实调动中国价值各传播主体传播中国价值的积极性和创造性，不仅需要良好的社会引导，还要通过发掘和展现其深厚的价值和意义，让各传播主体以强劲的内生动力，有热情、有激情地投入到此项工程之中。

第二，要培育中国价值各传播主体的主体意识。谈到中国价值传播主体的时候，我们往往会采用传播学学者的主体分类，将价值传播主体大致分为政府、企业、社会组织和个人四类。但是，这种分类往往是学者从复杂的传播现象中抽象出来的，各传播主体事实上未必了解，也未必认同这种主体地位。这对于中国价值传播水平提升来说是消极因素，也是中国价值传播主体建构中必须解决的一个问题。那么，我们如何切实让政府、企业、社会组织和个人深刻认知和认同自己作为中国价值传播主体肩负的责任和使命呢？这需要持续不断地进行宣传和引导，引导大家去深刻领会建设一个"富强、民主、文明、和谐"的国家和一个"自由、平等、公正、法治"的社会以及成为一名"爱国、敬业、诚信、友善"的公民对于国家、社会和个人的重要意义，并自觉、自愿、自发地为之奋斗。

第三，要构建中国价值传播主体系统结构。中国价值是一个由不同层面的社会理想结合而成的有机体，这其中仅社会主义核心价值观就包括国家、社会、个人三个层面，而构建人类命运共同体的理想更是关涉整个人类的前途与未来，是一个更为庞大的人类理想系统。因此，中国价值传播必须整合多元力量，形成一个内在紧密联系的有机系统，处在系统不同位置的不同主体应承担不同的责任分工。

政府作为中国价值传播的绝对主体，首先应该明确其在中国价值传播中的顶层设计职责，并切实规划好其他各传播主体在顶层设计中的角色定位和职能划分。此外，政府作为中国价值传播的统筹者、推动者、引领者，还必须为各传播主体作用的有效发挥提供必要的支持。

大众传媒作为政府的延伸，必然是中国价值传播的中坚力量，也是中国价值传播内容载体的重要生产者，是中国价值国内国际传播的重要依靠。事实上，即使是在全媒体时代，汇聚了大量传播资源且有权威背景的大众传媒依然是中国价值传播的重要主体，而且它们发挥作用的水平和层次也决定着中国价值传播的水平和层次。

大众传媒之外，企业在中国价值传播中的主体作用也十分关键，而这里的企业至少可以分为三个层次，不同层次的企业在中国价值传播中的作用也会有所差别。首先，对于文化企业而言，其所生产的文化产品原本就是中国价值传播的重要载体，因此，必须时时注重将中国价值融会于其中，而政府则必须有效担负起文化企业履行中国价值传播主体责任的监督者和把关人之职责，确保其能够有效履行责任；其次，对于一般意义上的企业，精益求精的产品和诚实守信的品质就是其传播中国价值的有效路径；最后，对于跨国企业而言，走出国门的企业本身就是中国价值传播主体，企业的所作所为都关乎中国价值传播，都会被放大为中国行为，因此，对于跨国企业的中国价值传播主体的意识教育刻不容缓。

企业之外，所有中华儿女都是中国价值传播的主体，他们数量巨大，创造力丰富，是中国价值传播的重要力量。个人在中国价值传播中的积极作用，我们可以用卢新宁的一段话来表达："你所站立的地方，就是你的中国；你怎么样，中国便怎样；你是什么，中国便是什么；你有光明，中国便不会黑暗。"① 很显然，每个人，都是别人眼中的中国，我们的言行举止，便是中国价值最直接的体现。因此，我们每个中国人，所有中华儿女，都应该时时以中国价值进行自我规范、自我要求，努力让自己成为

---

① 《你所站立的地方 就是你的中国》，http://www.wenming.cn/wmpl_pd/yczl/201409/t20140930_2213240.shtml，最后访问日期：2021年9月2日。

中国价值传播的载体。如果说，政府、传媒、企业、学校等主体撑起的是中国价值传播的四梁八柱的话，那么每个鲜活的个人，所有的中华儿女，都是中国价值传播的雕梁画栋和亭台楼阁，有了大家的积极参与，中国价值传播才会精彩无限、美不胜收。

第四，要提升中国价值传播主体的媒介素养。中国价值传播主体有效推进中国价值传播需要一定的媒介素养。因此，需要把媒介素养提升作为中国价值传播主体建设的重要内容来抓。那么，如何提升中国价值各传播主体的媒介素养呢？首先，要高度重视其媒介知识的积累，确保中国价值各传播主体能够借助媒介知识来洞见媒介性质，从而更深入地理解媒介、运用媒介、借力媒体，更准确、更从容地发挥中国价值传播主体的作用；其次，要培养中国价值各传播主体对媒介的批判性思维，以便他们能够精准区分媒介事实和现实，在光怪陆离的信息世界里保持对真实世界的洞见，从而更精准地传播中国价值；再次，提升中国价值传播主体的媒介素养，就是要提升消除媒介偏见的能力，避免自身观点和意见被其他媒体观点过多地干扰和影响。

第五，要提升中国价值传播主体的传播能力。传播是一种具有双重偶然性的行为、过程和系统，要能够在充满不确定性的行为系统中获得理想的传播效果，切实提升各传播主体的传播科学性和传播能力是关键。如何提升各传播主体的传播能力是一个宏大的理论和实践问题，关系着国家文化软实力建设水平，也与国家治理能力和治理水平现代化程度休戚相关。但是，从宏大叙事中，我们可以抽取几个基本规律，并推动中国价值传播实现"两个过渡"：一是要加强传播主体的专业性建设，推动中国价值国际传播从业余性向专业性过渡；二是要推进传播行为的学术性研究，推动中国价值传播从宣传行为向学术传播、思想传播和文化传播过渡。

小　结

中国价值有效传播对内有利于团结动员中华儿女努力建设富强、民主、文明、和谐的国家和自由、平等、公正、法治的社会，并努力将自己塑造成为爱国、敬业、诚信、友善的公民；对外有利于塑造中国的良好国际形象，获得更多国家和地区人民的理解、支持和认同。中国价值传播事关国家文化软实力提升和中华民族伟大复兴，是一项具有伟大历史意义和现实意义的重大工程。

要在日趋复杂的传播格局中实现中国价值的有效传播，让以社会主义核心价值观和人类命运共同体为核心的中国价值能够从海量信息中脱颖而出，成为引领多元价值的主流价值，必须加强传播主体建设。构建一个多主体彼此密切配合的中国价值传播主体系统，并切实增强其传播力，是中国价值传播体系构建的难点所在，而要解决这一难点，需要我们在工作实践中不断探索和拓展。

第四章　中国价值传播的受众分析

受众是社会传播活动中的信息接收者，是实际接触特定媒介内容或者媒介渠道的人。① 可见，受众是传播的对象，是信息的目的地，是传播过程的反馈源，是积极主动的觅信者，也是社会传播活动的引领性要素。中国价值传播面向全人类进行，拥有着极为庞大、极为复杂的受众群体，他们工作、生活于不同的政治、经济、文化情境之中，使用多姿多彩的语言和媒介进行交流与交往，且他们的信息获取方式受千差万别的传播情境规制，因此，建构高效务实的中国价值传播体系，必须以受众为中心，并建立在科学合理的受众研究基础上。

第一节　受众研究理论及其嬗变

在传播学研究的漫漫历程中，受众研究一直广受瞩目，也形成了丰富多彩的理论群落，有的理论之花经过短期绽放之后已经零落成泥，并催生和滋养着新的理论，有的却历久弥新，在时光的反复冲刷中更显现其深邃而悠远的理论穿透力，并照耀着传播研究的前行之路。因此，在对中国价值传播庞杂的受众群体进行系统研究之前，有必要对之前一些经典理论进行回顾和概括，并

---

① Denis McQuail, *Mass Communication Theory* (Sage, 2010), p. 549.

从中探查传播者与受众之间关系的微妙变化，以便获得更多的灵感，更深刻地把握中国价值传播受众特点，为推进精准传播奠定坚实的理论基础。

一 "魔弹论"

"魔弹论"也称"靶子论"或者"皮下注射论"，是美国的一些政治家、历史学家基于对一战期间政治宣传鼓动的研究而得出的西方早期新闻传播理论。该理论认为大众传媒具有神奇的力量，能够达到左右人们思想情感、语言行为的目的。这种理论以乌合之众[①]为基点，把受众视为一盘散沙，把大众传媒视为能够发射"魔弹"的武器，受众中弹之后便会应声倒地。这种理论神化了媒介的力量，忽略了受众在信息选择中的主动性和对信息反应的多样性，较大幅度偏离了现实传播图景，因而受到较为广泛的质疑。事实上，随着研究的深入，学者们越来越深刻地认识到，受众并非"乌合之众"，更非坐以待毙的"靶子"，他们之间往往存在着十分紧密的社会联系，并形成了一个非常柔韧的网。因此，在经历短期的辉煌之后，"魔弹论"逐渐成为一种历史记忆，新的受众理论也如雨后春笋般涌现。

那么，在万物互联的传播新时代重提"魔弹论"的意义何在呢？这是因为"魔弹论"中蕴含着一种逻辑或者说一种思维方式，即传播实践是由传播者主导的，受众处于被动的地位。事实上，这样的思维方式一直十分顽固地盘踞在传播领域，并深刻地影响着传播范式和传播实践，而"魔弹论"的当下价值也应该是警示高高在上的传播者去更深刻地认识受众在传播实践中的引领性价值，并切实从受众需求的角度出发，更精准地开展传播

---

① 所谓乌合之众是指生活在法理社会中的互不相关的芸芸众生，他们之间不存在亲情的纽带，只有法律的关系，每个人都以完全独立的个人身份投身社会。

活动。

作为"传播过程反馈源"和"积极觅信者",受众在传播实践中的地位提升得益于日益丰富的传播途径和万物互联的传播格局的形成。在这样的传播情境下,受众引领传播的趋势必将越来越明显,也正是基于这样的考虑,本书将受众作为中国价值传播体系建构的首要因素进行分析和研究,并以此为基点去拓展建构之路。

总之,在传播学有关受众的众多理论中,"魔弹论"虽然已经随着研究的深入,逐渐被人们抛弃,但是,它却如一面镜子,反映出传播研究初期的稚嫩与天真,并警示着后来者,去探索更丰富的受众之矿。因为,缺失了对受众的深度理解,离开了对受众需求的深刻观照,传播实践将陷入徒劳无功的境地,传播阵地也会成为名不副实的存在。

二 影响不一理论

那么,在传播过程中,传播者发出的信息为何不会像子弹一样射中受众?受众为何不会"应声倒地"呢?有研究者发现,这是因为传播者与受众之间存在一些"缓冲体",它们把媒体的信息加以解释、扭曲或者控制,使信息在到达受众的时候,已经变得面目全非。那么,这些"缓冲体"是什么?美国传播学者梅尔文·德弗勒从个人差异说、社会类型说和社会关系说三个方面进行了概括,将抽象的"缓冲体"解读为现实生活中彼此纠缠、相互影响和无处不在的关系。

个人差异说强调人们之间的个体差异,其立论基础是受众对信息的理解不同而导致相同的信息对不同的人产生的影响并不一致。不同受众对相同信息产生截然不同的反应是显而易见的。同样的信息,有的受众可能会兴趣盎然,而有的受众则漠不关心,这样的情况在我们的现实生活中随处可见。那么,是什么原因导致不同受众对相同的信息产生不同反应呢？在德弗勒看来，每个人的心理结构是千差万别的，而这种差异影响他们对信息刺激物的挑选，制约着他们对信息刺激意义的解释。① 因此，心理结构不同的社会成员，对大众传播媒体内容的接受、理解、记忆、反应等也会有所不同。

社会类型说认为，不论大众传播向社会公众提供何种信息，社会成员都是有选择地接收和解释这些信息的。而人们这种有选择地接收媒介信息的行为之基础是社会成员在阶层分明的社会结构中所处的地位不同。我们所置身的社会结构由许多社会群体类别组成，而社会群体类别的界限是年龄、性别、文化程度、工资收入等人口统计学特征。这种确定社会群体类别界限的因素，影响着人们对大众媒介信息的注意和反应形式，从而使各社会群体的内部成员对大众传播做出大体一致的反应。

社会关系说则重点关注目标受众日常的社会关系对其媒介信息接收行为的影响，其核心要义是：个人对媒介内容的选择性决策受其社会关系的深刻影响，也就是说，个人在接收信息的选择上，会因为亲人、朋友、熟人和其他与之有关系的人的改变而改变，个人对大众传媒的注意形式和反应形式，其实也反映出一个人的社会关系网络。因此，大众传播媒介的效果既非一致的、强大的，也非直接的、个人的，而是个人社会关系的综合。

三 使用与满足理论

很显然，"影响不一理论"是对"魔弹论"的一种修正和完善，但它们都将受众视为信息的被动接受者。这类观点在一定历史阶段当然有其合理性，但是，随着媒介技术的发展，受众信息选择权利的增加和互动意识的增强，研究者们也对这种不平等的

---

① 刘海龙：《大众传播理论：范式与流派》，中国人民大学出版社，2008。

传受关系提出质疑,新的受众理论也由此萌芽,其中最具有代表性的是"使用与满足理论"[1]。使用与满足理论站在受众的立场上,集中关注个人如何使用大众传播媒介、人们使用媒介的方式以及他们寻求到的满足之间的关系,并通过受众的媒介使用动机来分析和考察大众传播给人类带来的心理和行为效用。使用与满足理论的逻辑起点是一种客观存在的假设,即假定所有受众都有某些信息需求或欲望,且往往接触、理解并记住那些能够满足自己需求或欲望的信息。使用与满足理论将受众视为具有辨别力的使用者,将媒介受众而非媒介信息作为效果研究的出发点。[2] 这标志着传播学研究的关注点正在从传播者向受众的主动传播转移,向受众对大众媒介的主动使用方面转移,从而开创了传播研究的新局面,也推动着人们对传播实践的认识不断走向科学化、全面化,是人类传播认知的升华。当然,这一颇具变革性色彩的理论的产出并非一日之功,也非仅凭一人之力,而是一代传播学者智慧的结晶:不同的研究者,从不同的视角出发,提出了不同的使用与满足理论模式。其中,卡茨和罗森格伦的"使用与满足"模式十分系统,并具有较大的影响力。

(一) 卡茨的"使用与满足"模式

卡茨认为,现存的社会和心理因素是导致受众对信息产生需求的根源,而这些需求的存在又必然引发受众对媒介或其他活动的期望,并导致了与不同形式媒体的接触,以获得对信息需求的满足。以此为基点,卡茨提出了具有广泛影响的"使用与满足"模式,并切实提升了这一理论的系统化水平。在《人际影响——个人在大众传播中的作用》一书中,卡茨还对"使用与满足理

---

[1] 丹尼斯·麦奎尔、斯文·温德尔:《大众传播模式论》,祝建华、武伟译,上海译文出版社,1987,第103页。

[2] 斯蒂芬·李特约翰:《人类传播理论》,史安斌译,清华大学出版社,2004,第375页。

论"进行了更深入和细致的阐释,明确了使用与满足模式成立的五个因素:受众是积极的,带着意图使用媒介;受众选择特定的媒介以满足需求,动机和受众本身有关,相应的选择权也在受众手中;在满足受众的需求方面,媒介与其他资源相竞争,且媒介与受众之间并非真空,两者存在千丝万缕的联系,并受环境中的事件的影响;人们对于自己如何使用媒介以及使用媒介的动机和兴趣都有十分清晰的认知;人们能够用不同的方式使用相同的内容,因此,相同的内容也能产生完全不同的影响。[1]

(二) 罗森格伦的"使用与满足"模式

同样站在受众需求的角度,罗森格伦提出了他的"使用与满足"模式。这一模式比卡茨的模式更复杂、更系统,也是对卡茨模式的完善和提升,其基本主张是:人类对信息的基本需求是个人的内在特征与外在的社会特征有机结合的产物;人类的基本信息需求在于具体的社会情境和传播格局结合形成被感知的个人问题和被感知的解决方案,并由此生成获取信息的个人动机;在信息获取动机的支配下,个人会通过媒介或者其他途径实现信息需求的满足;个人获取所需信息的程度和效度又会对个人的内在特征和外在的社会特征造成正向或反向的影响。[2] 需求会与个人的内在特征、外在的社会特征有不同的结合,而后在与周围社会的结构,包括媒介结构的相互作用下,又与被感受的个人问题以及关于这些问题已经找到的解决方法进行不同的结合。问题与解决方法结合后,就会产生企图寻求满足或解决问题的行为的不同动机。这些动机会导致不同形式的实际的媒介消费和其他行为。这两种行为类型引起不同形式的满足或不满足,并且可能影响个人

---

[1] 斯坦利·巴兰、丹尼斯·戴维斯:《大众传播理论:基础、争鸣与未来》(第三版),曹书乐译,清华大学出版社,2004,第 264–265 页。

[2] 殷晓蓉:《美国传播学受众研究的一个重要转折——关于"使用与满足说"的深层探讨》,《中州学刊》1999 年第 5 期。

的内在特征和外在的社会特征的结合,并最终影响社会中的媒介结构和其他社会、政治、文化和经济结构。

(三) 竹内郁朗的"使用与满足"模式

在卡茨等人研究的基础上,日本学者竹内郁朗从新的视角提出了"使用与满足"模式,并对这一理论的阐释进行拓展。竹内郁朗的"使用与满足"模式包含五个核心要素:一是受众接触传媒是为了满足他们的特定需求,而这些需求往往具有一定的社会和个人心理原因;二是传媒接触行为的发生需要具备媒介接触的可能性和媒介印象两个条件;三是人们往往根据各自的媒介印象选择媒介,媒介接触行为由此发生;四是媒介接触行为可能有需求得到满足或未得到满足两种结果;五是无论满足与否,媒介接触行为的结果都将影响到以后的媒介接触行为,并以此修正既有的媒介印象,且在不同程度上改变和影响媒介期待。[①]

总之,作为传播学理论中十分重要的研究领域,受众研究理论成果丰富多彩,学术积淀十分深厚,无论是"魔弹论""影响不一理论"还是"使用与满足理论"都只是其中的浪花一朵。但是,从"魔弹论"到"使用与满足理论"的变迁,体现了学界对受众认识的深化和升华,而这种变化的背后隐藏着一个重要逻辑——受众中心地位的不断凸显。传播学研究不断从"传者本位论"向"受者本位论"转移,而这种变化对中国价值传播的启示就是:必须以受众为中心推进传播活动。

第二节 中国价值传播的国内受众

中国价值传播追求的是以融通世界的话语方式向世界表达中

---

① 竹内郁朗:《大众传播社会学》,张国良译,复旦大学出版社,1989,第112页。

国的价值立场和价值追求,但是,在具体传播实践中,由于传播目标存在客观差异,因此,还需要从国内和国际两个维度,对如海洋一般广阔和复杂的受众群体进行分类,并开展系统研究。

一 受众分类

毫无疑问,中国价值国内传播的目标是通过务实高效的传播实践,引领中华儿女深化对社会主义核心价值观和人类命运共同体的认知和认同,并内化于心、外化于行,自觉传播和践行中国价值观,使这些观念成为凝聚社会共识的"最大公约数"。因此,中国价值传播的国内受众是全体中华儿女。然而,"中华儿女"拥有十分庞大而复杂的结构,需要对其进行科学细分,并有针对性地采取传播策略,只有这样才能切实提升传播效果。

受众分类是十分复杂的学术和实践问题,根据大众传播媒介的不同,可以将受众分为电影的观众,报纸、杂志、书籍的读者,广播的听众,电视的观众,网络的用户,新媒介的接受者和消费者等;根据影响程度的不同,可以分为普通受众、特定受众和有效受众;根据传播和接收行为的差异,可以分为实在受众、潜在受众;根据对大众传播的信息内容注意的特点不同,可以分为广泛受众和专业受众;根据接收传播内容的不同动机,可以分为主智受众和主情受众;按照人口统计学特征,可以从性别、年龄、职业、地域、受教育水平等角度将受众划分为不同群体。[①]可见,受众并非一个固定不变的团体,受众分类没有特定的模式可以套用,而且随着媒介格局的不断发展和变化,此前形成的一些分类模式正在不断瓦解,需要以新的视角、新的理念重新审视。那么,在万物互联的传播新时代,如何对中国价值传播的国

---

① 以上分类可参考董璐编著的《传播学核心理论与概念》北京大学出版社,2016,第198~199页,中关于受众类型的划分。

内受众进行科学分类,以确保传播实践能够根据不同受众特征和需求,有的放矢地推进传播实践呢?立足于多层次和多样化的传播目标,我们可以先从普通受众和特殊受众两个角度来理解这一庞大而复杂的群体。

普通与特殊是一对彼此依存、相互映照的概念,"一般"较"特殊"而存在,"特殊"因"一般"而凸显。同样,对于中国价值传播而言,普通受众是相较于特殊受众而存在的,是指那些通过报纸、书籍、广播、电视以及网络等大众传播媒介获取中国价值有关内容的人群,是中国价值认知性传播的主要目标。特殊受众是受众细分的产物,也是中国价值国内传播需要关注的重点对象,与针对一般受众的认知性传播不同,针对特殊受众的中国价值传播是建设性传播。从具体传播实践来看,基于其特殊的影响力,在中国价值国内传播活动中,如下几个群体应该作为特殊受众予以关注。

一是青少年。"青年是引风气之先的社会力量。一个民族的文明素养很大程度上体现在青年一代的道德水准和精神风貌上。"[1] 在青少年群体中深入开展社会主义核心价值观传播活动,引导广大青少年积极树立和践行社会主义核心价值观具有十分重要的意义。关于如何在青少年群体中传播社会主义核心价值观,习近平总书记也多次提出明确要求。例如,在第十八届中央政治局第十三次集体学习时的讲话中,习近平就提出培育和践行社会主义核心价值观"要从娃娃抓起,从小抓起、从学校抓起,把社会主义核心价值观的基本内容和要求渗透到学校教育教学之中,体现在学校日常管理之中,做到进教材、进课堂、进头脑,使社会主义核心价值观的种子在少年儿童心中生根发芽、真正培育起

---

[1] 《习近平谈治国理政》(第一卷),人民出版社,2018,第52页。

来"。① 2014 年 5 月 4 日，习近平在北京大学发表的讲话中谈道："我为什么要对青年讲讲社会主义核心价值观这个问题？是因为青年的价值取向决定了未来整个社会的价值取向，而青年又处在价值观形成和确立的时期，抓好这一时期的价值观养成十分重要。这就像穿衣服扣扣子一样，如果第一粒扣子扣错了，剩余的扣子都会扣错。人生的扣子从一开始就要扣好。'凿井者，起于三寸之坎，以就万仞之深。'青年要从现在做起、从自己做起，使社会主义核心价值观成为自己的基本遵循，并身体力行将其推广到全社会去。"② 可见，青少年是社会主义核心价值观传播十分重要的受众群体，只有通过巧妙务实的传播手段，让青少年群体深入理解社会主义核心价值观的深刻内涵和重要意义，这一先进价值理念才会在全社会长成参天大树。同样，在青少年群体中广泛传播人类命运共同体理念也具有十分重要的意义，这是因为"构建人类命运共同体是一个美好目标，也是一个需要一代又一代人接力跑才能实现的目标"。③ 青少年是未来社会的主要建设者，是推动社会发展进步的未来之星，人类命运共同体的构建需要一代又一代的青少年接力奋斗，而这种奋斗的力量之源必然是对这一理论的清晰认知、深度认同、自觉遵循和主动传扬。

二是大学生群体。大学生是国家的未来，是民族的希望，在大学生群体中深入传播中国价值，引领他们成为中国价值的自觉实践者和积极传播者，对于实现中华民族伟大复兴的中国梦有着重要意义。大学生群体之所以是中国价值传播的特殊受众群体，是由新时代大学生价值观的特点决定的。这些特点也使大学生群体特别需要中国价值的有效引领，有了中国价值的有效引领，他

---

① 《习近平总书记系列重要讲话读本》，人民出版社，2014，第 95 页。
② 《青年要自觉践行社会主义核心价值观》，http://cpc.people.com.cn/xuexi/n/2015/0720/c397563-27331773.html，最后访问日期：2021 年 9 月 2 日。
③ 《习近平谈治国理政》（第二卷），人民出版社，2017，第 548 页。

们才能真正成长为中国特色社会主义事业的合格建设者和可靠接班人。开放、多元和互联互通是当今世界的特征。在这样的社会场域之中，大学生群体的价值观呈现价值取向多元化、个人主体凸显、功利主义盛行等新特点。① 这些价值特征的出现表明，在大学生群体中深度开展社会主义核心价值观传播具有十分重要的意义，而且已经成为培养社会主义接班人的重要内涵。关于在大学生群体中广泛开展社会主义核心价值观传播的重要性，习近平总书记也有精彩论述。他指出："要坚持不懈培育和弘扬社会主义核心价值观，引导广大师生做社会主义核心价值观的坚定信仰者、积极传播者、模范践行者。"② 可见，作为富有朝气、富有激情、富有创造力、富有创造精神的群体，大学生是中国价值观传播的重要受众群体，是社会主义核心价值观传播实践需要重点关注的对象。只有让这一饱含着广博的人类情怀的发展理念在大学生心灵深处扎根，才能够开出最绚丽的花朵和结出最丰硕的果实。

三是教师群体。③ 教师是人类灵魂的工程师，"以人格养成人格，以灵魂塑造灵魂"是教师最为显著的职业特征。因此，要确保教师能够通过言传身教传播中国价值，就必须确保登上讲台的每位教师都能成为社会主义核心价值观和人类命运共同体的坚定信仰者、积极传播者和模范践行者。为此，教师首先要成为中国价值传播的重要受众，并通过认真领会学习，将中国价值观内化于心，外化于行。唯有如此，才能在工作和生活中得心应手，并以得体适宜的方式传播中国价值观。因此，教师群体也必然是

---

① 蔡永鸿、于越：《浅析在大学生中培育和践行社会主义核心价值观》，《教育界》2018 年第 12 期。
② 《习近平总书记在全国高校思想政治工作会议上的讲话》，《人民日报》2016 年 12 月 9 日。
③ 教师群体也是知识分子中的成员，但此处单独拿出来讨论，是因为教师承担着教书育人的职责，其影响更大。

中国价值传播的重点对象，中国价值传播实践只有在教师群体中取得显著成效，才能影响更多人、塑造更多人，从而让中国价值观成为当代中国人最鲜明的标志。

四是知识分子群体。知识分子常常被称作社会的良心，对于社会的发展进步具有十分重要的影响。同样，就中国价值而言，只有得到了广大知识分子的认同和理解，才能够真正成为凝聚社会共识的"最大公约数"。面对满腹经纶的知识分子，中国价值的传播自然不能是口号式的宣传，而是必须有深度的阐释甚至是必要的论辩。清晰阐释中国价值对国家软实力提升、中国建设与发展、中华民族伟大复兴的重要意义，能够让知识分子真正成为中国价值的拥护者，并自觉践行和主动传播，以自己特有的才华和智慧，让中国价值呈现更绚丽的色彩和更炫目的光芒。其广泛的社会影响力决定知识分子是中国价值传播的重要受众，也是中国价值传播中最考验智慧的部分，而我们要做的是通过高效传播实践，吸引和动员越来越多的知识分子加入中国价值传播的队伍，并在这一领域尽情发挥才干，产出高质量的文化产品，让中国价值更深、更广地深入中国社会和大众心灵。

五是文艺工作者群体。"文艺是时代前进的号角，最能代表一个时代的风貌，最能引领一个时代的风气。"① 文艺工作者往往通过富有创造性的文艺作品或文艺活动，把一个时代的精神和价值观念向大众播撒，进而滋养和强化时代精神和价值观念。因此，文艺工作者又被称为"塑造灵魂的工程师"，是中国价值的重要传播者。为此，习近平总书记要求广大文艺工作者"要高扬社会主义核心价值观的旗帜，充分认识肩上的责任，把社会主义核心价值观生动活泼、活灵活现地体现在文艺创作之中，用栩栩

---

① 习近平：《在文艺工作座谈会上的讲话》，http：//www.xinhuanet.com/politics/2015-10/14/c_1116825558.htm，最后访问日期：2021年9月2日。

如生的作品形象告诉人们什么是应该肯定和赞扬的，什么是必须反对和否定的，做到春风化雨、润物无声"①。那么，如何确保广大文艺工作者带头成为社会主义核心价值观的实践者、传播者、建设者，做到在艺术创作上坚持继承与创新、在品行上追求德艺双馨，让社会主义核心价值观和人类命运共同体理念在文艺作品中熠熠生辉呢？这就需要全体文艺工作者成为中国价值观传播实践的忠实受众，并对中国价值的深刻内涵形成全方位、多角度的理解，唯此，才能切实将社会主义核心价值观和人类命运共同体理念巧妙而精准地融入文艺创作全过程，才能将博大精深的中华文化转化为令人赏心悦目的文艺作品。因此，广大文艺工作者是中国价值传播的重要受众，切实以中国价值武装文艺工作者，不仅关系着中国文艺的前程和未来，也关系着我国文化软实力的提升，并进而关系着中华民族伟大复兴的中国梦的实现。

二 国内受众接受信息的基本规律

中国价值的国内传播以全体中华儿女为目标对象，具有鲜明的复杂性和广泛性。因此，在中国价值传播实践中，不仅要对受众进行科学细分，以更具针对性的手段推进价值传播工作，同时，也要探析受众接受信息的基本规律，并以此为基点优化传播实践。在全球互联和信息平权的新传播时代，从热闹非凡但略显杂乱的传播生态中，我们可以抽象出在中国价值传播过程中国内受众接受信息的基本规律。

一是移动化阅读渐成主流。中国价值传播必须面对的是在新技术的推动下，受众主体已经实现移动化转移，网站、社交平台、短视频、微信公众号等已经成为受众获取信息的重要渠道，

---

① 习近平：《在文艺工作座谈会上的讲话》，http://www.xinhuanet.com/politics/2015-10/14/c_1116825558.htm，最后访问日期：2021年9月2日。

甚至是主渠道。这是我们面临的传播环境，任何人都不能置身事外。中国价值传播的主体更是必须非常敏锐地观察到已经来临的"智媒时代"，并以与时俱进、开拓创新的传播实践对此做出实实在在的回应，否则，无论我们通过多么绚丽夺目的形式推进中国价值传播，都只能是自说自话的"自嗨"行为。面对受众主体移动化转向的局面，中国价值传播在内容建设方面首先要进行调适，更多地选择、生产和运用适合移动端的信息载体，让其深入人心，并对其价值选择和价值判断做出正向引导。

二是音频媒体备受青睐。音频媒体作为三大传统媒体之一，在经历了低谷之后呈现强势回归的趋势。这种趋势的形成是受众结构变化和广播优势深度整合的结果。从受众结构来看，随着生活节奏的加快，越来越多的人很难有整块的时间坐下来读书看报，而音频媒体作为伴随性的媒介，能让用户在工作、休闲、锻炼、驾驶的过程中"顺便"收听，因此深受现代人的喜爱。"听书"已经逐渐变为一种时尚，而以开发"平行空间"起家的音频新媒体——喜马拉雅也已经成为传媒"巨无霸"。因此，在中国价值传播实践中，我们需要紧紧把握这些受众在信息获取方面的新变化，做到既依时就势生产适合音频传播的内容，又深度依托富有影响力的音频传播渠道，更精准、更有效地将中国价值观送达受众心田，引发受众共鸣。

三是更精细的受众分化。在大数据时代，大家都是透明人。因此，以大数据为基础，受众分化越来越精细。这是时代带给受众的福利，也是时代带给大众传播的挑战。受众参与传播犹如在自助餐厅就餐，每个人都根据自己的口味和当天的食欲来挑选某些品种、数量的食物，而自助餐厅供应的大量的、五花八门的饭菜就相当于媒介提供的林林总总的讯息。美国传播学者威尔伯·施拉姆的这个比喻说明，在传播活动中，受众是主体，媒介是餐厅，媒介从业者是厨师和服务员，如果生产的"菜品"口味一般、品相平平，餐厅就会慢慢地失去顾客。相反，如果生产的菜品色香味俱佳，则能够赢得大量的回头客。施拉姆以这个比喻界定传播者与受众关系的时候，受众细分刚刚出现，受众的主体地位也未如当下鲜明，但是"受众"的挑剔口味已日渐显现。如今，被海量信息宠坏的受众当然更加挑剔。相较于普通的信息传播，中国价值传播是一个难度层级更高的"自助餐厅"，因为里面只卖一种产品，但是又要将其烹调得色香味俱全，而且营养丰富。这是一个很大的挑战，需要我们仔细研究受众的口味，并以高超的"厨艺"去满足受众的"味蕾"。因为在信息竞争十分激烈和受众分类日趋精细的今天，受众已经成为传播的"上帝"。

四是网络受众数量急速增长。在万物互联的信息时代，世界已经演变为现实世界与网络世界"两位一体"的格局，而绝大多数人也兼具了公民与网民的双重身份。这样的社会格局和人类交往特征在传播领域的映射就是网络受众数量的急速增长。网络世界事实上是一个信息的海洋，高速流动的信息流恰似汹涌波涛，容易让人迷失方向，也容易让人失去辩证思考的能力，从而形成非对即错或者非好即坏的二元对立思维。中国价值传播要提质增效必须充分考虑和运用网络受众接受信息的特征，依托网络受众热情拥抱的新技术、新手段，在网络世界形成一股清流，引领网民自觉践行中国价值。

五是网络语言大受青睐。网络时代最大的特征就是信息的自由流通，以及由此带来的媒介权力的瓦解，也形成了以对话和交流为特征的舆论场。这样的舆论场欢迎亲切、柔软、美妙、深刻、暖心的网络话语，排斥高高在上、颐指气使、僵硬死板的宣传话语。中国价值传播必须顺应这种潮流，用温暖的语言、生动的故事、巧妙的手段，将中国价值渗透在受众的日常生活中，并使其成为其中精美而有格调的存在，如和煦春风，似温润雨露，滋养和丰富着中华民族的精神世界。

三 特殊受众的确定原则

要实现中国价值的有效传播，必须建构"点面配合"的传播格局，追求认知性传播和建设性传播的双重效果。所谓"面"上传播，是指面向特定国家和地区能够接触传播信息的所有人的大众传播，以认知性传播为主要目标；所谓"点"上传播，是指面向特殊受众的分众传播，以建设性传播为主要目标。要建构"点面配合"的传播格局，前提是将那些对培育和践行中国价值有特殊影响的群体从茫茫人海中筛选出来，并通过更具针对性、目的性的传播实践，切实让他们成为中国价值的全面认知者、深刻认同者、自觉践行者和主动传扬者。将特殊受众科学而准确地从"人海"中分拣出来是富有挑战性的，而且特殊受众也是一个流变和相对的概念，因此，我们需要把握一些关于受众的万变不离其宗的基本原则。

一是重要性原则。在中国价值传播面对的庞大而复杂的受众群体中，有一些人因为特殊岗位和自身影响力等方面的因素，在中国价值传播实践中居于重要地位。例如，教师作为传道、授业、解惑者，其对中国价值理解的深度、广度都会影响到他们在学生群体中传播中国价值的效度。再如文艺工作者，如果他们对中国价值的理解本身就只停留在"24字"上，自然无法把中国价值的精神和精髓有机融汇在文艺创作和表演活动中。因此，在中国价值传播实践中，应该遵循受众的重要性原则，开展不同层级的中国价值传播活动，并以此搭建价值传播立体结构，在传播深度和广度上双向掘进。

二是关键性原则。作为国家文化软实力建设的重要工程之一，中国价值传播必然需要强化在一些关键性群体中的传播。例如，在学生群体中深入有效地开展中国价值传播，有利于中国价值的种子深深地扎根在青少年的心灵深处，并绽放出践行中国价值、弘扬中国精神的芬芳花朵。因此，中国价值传播需要对广大受众中的关键群体进行深入研究，并在此基础上，制订科学合理的传播计划，有重点、有策略地推进中国价值传播实践，并以此提升传播效果。

三是认知能力差异原则。中国价值传播受众群体的复杂性其实更多地体现在认知能力和水平的差异上，我们必须正视这一点，并根据受众的认知能力差异，从不同层面、以不同的形式、通过不同的渠道推进中国价值传播活动。

总之，随着媒介技术的发展进步以及全球互联时代的日新月异，社会传播的格局也正在不断发生着颠覆性变化，这些变化的标志性特征是受众地位的凸显。作为传递价值观念的实践，中国价值传播也必然需要以受众需求为牵引，不断推进范式创新和模式变革。

第三节 中国价值传播的国际受众

中国价值国际传播以增进世界对中国价值的认知为基础，以让世界更全面、更深刻、更科学地认识和理解中国为目标，是跨国界、跨文化的传播实践，是面向世界的价值表达。从受众的角度看，全世界所有国家和地区的组织和民众都是中国价值国际传播的对象。因此，相对于国内传播，中国价值的国际传播面临更为广阔的受众群体，面临更为复杂的传播格局，国际传播情境更是一片深不可测的"海洋"。面对无边无际、波诡云谲的中国价值国际传播之海，我们要守正创新、积极探索，并在此基础上，打造"出海"的船舰，驶向彼岸，进而实现预期的传播目标。

一 受众特征

人类探索宇宙的历程表明，认知和理解庞大、复杂且遥远的事物，最为有效的手段和方法便是从总体上进行宏观把握。面对深沉而辽阔的中国价值国际传播受众之"海"，我们需要从总体上把握其基本特征，并渐进深化理解与认识。在当前风云变幻的国际传播格局下，中国价值国际传播受众越来越鲜明地体现出如下特征。

一是无比的复杂性。作为全球性、开放性的传播实践，中国价值国际传播受众群体的复杂性显而易见。从受众规模来看，中国价值国际传播面对数十亿计的庞大群体，他们分布在不同的国家和地区，置身于不同的社会环境，受不同的制度规制，复杂程度可想而知；从受众分类来看，中国价值国际传播不仅面向大众，而且面向政府、组织，而政府、组织往往是更为重要的目标受众。但是，国家之间的关系向来错综复杂、瞬息万变。从宗教信仰与文化习俗来看，国际传播受众往往具有不同宗教信仰和文化习俗，进而增加了受众结构复杂性。从使用语言的角度来看，世界上有近 7000 种语言在使用，这就注定我们必然需要面向使用不同语言的受众群体进行传播。从媒介的使用情况来看，由于政治、经济、文化和科技发展水平的差异，国际传播受众在媒体使用方面也呈十分鲜明的复杂性，使我们需要面对持有不同媒介选择偏向的群体进行传播。从信息接受心理来看，由于人们处于不同的社会制度和文化背景中，对中国价值传播相关内容的接受心理也有很大差别，他们中有的对中国文化和中国价值怀有善意并乐意接受，有的则对中国文化和中国价值不太友好并刻意抵制。

二是愈加丰富的多样性。中国价值国际传播受众的多样性主要源于受众所处文化环境的多样性。从文化圈的角度来看，中国价值国际传播受众分属西欧文化圈、东欧文化圈、东亚文化圈、南亚文化圈、东南亚文化圈、伊斯兰文化圈、非洲文化圈、拉丁美洲文化圈和太平洋文化圈等。这些文化圈层各有特征、差异明显。对于中国价值国际传播而言，受众之间的巨大文化差异意味着传播主体在传播内容的生产和制作过程中，要根据不同受众所处的文化圈层开展复杂的解码和编码，以及本土化工作，以此跨越文化阻隔，实现文化对接。

三是不可避免的政治性。作为一种跨越地理性政治边界的传播实践，国际传播不可避免地会与国际传播秩序重构、国际话语权争夺等较为敏感的情况相关联，从而让正常的信息传播和文化交流披上政治色彩，而置身于特定政治、经济、文化场域中的个体或组织也不可避免地会具有鲜明的政治属性。因此，中国价值国际传播的过程，需要充分考虑目标受众的政治属性，并据此制定相应的传播策略。

总之，中国价值国际传播面对着一个分布异常广泛、文化千差万别、心态各不相同、情感复杂多变的受众群体。要针对这样的群体有效开展国际传播，就必须进行精细的受众细分和科学的对象甄选，并有针对性地开展精准传播，否则，中国价值的国际传播将难以取得实效。

二 受众分类

对于如何把庞大且复杂多样的受众进行科学分类，并制定相应的精准传播策略，切实提升中国价值国际传播效果，学者程曼丽的观点是：从受众对传播者的重要程度出发，可以分为重点受众、次重点受众和一般受众；从受众对传播者的态度出发，可以分为顺意受众、逆意受众和中立受众；从受众行为的发展过程出发，可以分为潜在受众、知晓受众和行动受众。[①] 这种观点虽然具有一定的创新性，但总体而言，对推进国际传播实践的理论指导意义有限。中国价值国际传播作为国家文化家软实力建设的重

---

① 程曼丽：《国际传播学教程》，北京大学出版社，2006。

要内容，需要结合其特殊性，对复杂多样的受众群体进行更科学的细分。那么，中国价值的国际受众该如何分类？从中国价值国际传播所具有的中国文化传播的特性出发，我们可以按照"9 + 1"，即"九大文化圈"加"一个海外华人群体"的模式来细分中国价值国际传播受众。

（一）"九大文化圈"

文化圈①理论是文化人类学研究的重要概念，指的是在一些人类文化的主要范畴，如生活器具、经济活动、社会状况、道德规范、宗教活动等方面有相似之处的文化群体。②按照这一理论，很多学者根据自己对世界文化的理解，从不同的立场和角度出发，提出了"三大文化圈"、"五大文化圈"和"九大文化圈"等多种学说。

"三大文化圈"理论将世界划分为基督教文化圈、伊斯兰教文化圈、儒家文化圈。其中，基督教文化圈在地理范围上包括欧洲国家、澳大利亚、南北美洲国家、埃塞俄比亚和部分撒哈拉以南的非洲国家、菲律宾和太平洋岛国等信奉基督教的国家和地区；伊斯兰教文化圈在地理范畴上主要包括印度半岛、阿拉伯半岛、东南亚及非洲的部分地区，其特征为民众多信仰伊斯兰教；儒家文化圈是历史上受中国政治及文化影响、过去或现在使用汉字并曾共同使用文言文作为书面语、覆盖东亚及东南亚部分地区的文化区域。这种划分方式过分倚重宗教边界且过于笼统，难以概括全世界丰富多彩、多元多样的文化生态，缺陷显而易见。

"五大文化圈"则包括：拉丁文化圈（西方文化圈），其地理范围主要是以白种人的居住地为主，其共同的特色是议会政治、

---

① "文化圈"概念是由文化人类学家莱奥·弗罗贝纽斯首先提出的。而在"文化圈"的划分上不同的学者有不同的视角和观点，并由此产生了"三大文化圈""五大文化圈"和"九大文化圈"等相应的提法。

② 金炳华：《哲学大辞典》，上海辞书出版社，2007。

实行资本主义的市场机制、中产阶级为社会上的主要力量、物质文明发达、基督教的价值观为主流；汉字文化圈，其地理范围主要是中国、日本、朝鲜、韩国、越南等国，以及以华语作为主要语言之一的新加坡，其共同的特色是汉字、儒家思想；伊斯兰文化圈，其地理范围包括阿拉伯国家以及信仰伊斯兰教的其他国家和地区，其共有的特色是至今仍虔诚保持着对伊斯兰教的信仰；印度文化圈，其地理范围包括印度、孟加拉国、缅甸、尼泊尔、斯里兰卡、泰国、老挝、柬埔寨等，其共有特色表现在对梵文系字母的使用和印度教的宗教信仰上；东正文化圈，其地理范围主要以俄罗斯、东欧以及巴尔干半岛等地为主，其共有特色是以东正教为其宗教信仰，使用西里尔字母。与"三大文化圈"理论相比，"五大文化圈"显然更具合理性，但是，与多元化趋势愈加明显的世界文化格局相比，依然存在过于笼统的问题。因而，研究者们进行了再细化，并提出了"九大文化圈"理论。

"九大文化圈"理论将世界文化分为九个圈层，在"五大文化圈"的基础上进行了细化，提出了世界文化分为西欧文化圈、东欧文化圈、东亚文化圈、南亚文化圈、东南亚文化圈、伊斯兰文化圈、非洲文化圈、拉丁美洲文化圈、太平洋文化圈的观点。其中，从地理上讲，西欧文化圈包括西欧、北美和澳大利亚等地区；东欧文化圈包括俄罗斯、东欧等地区；东亚文化圈包括中国、日本、朝鲜半岛和蒙古国等地区；南亚文化圈包括印度、巴基斯坦、尼泊尔、孟加拉国、斯里兰卡等地区；东南亚文化圈包括中南半岛、马来群岛；伊斯兰文化圈包括中亚、西亚和北非地区；非洲文化圈包括撒哈拉以南的非洲地区；拉丁美洲文化圈包括墨西哥以南的美洲地区；太平洋文化圈包括太平洋中各岛屿地区。显然，"九大文化圈"理论更细致、更合理地进行了世界文化圈层划分，更能体现世界文化的多样性和多元性，更贴近世界文化现实，更具有说服力。因此，该理论也是当下认可度较高的世界文化圈层划分理论。

中国价值国际传播的核心问题是文化对接和语言转换。因此，从本质上讲，中国价值的国际传播是文化传播，其受众分类具备与世界文化形态分类同步的条件。为此，我们可以将中国价值国际传播受众分为西欧受众、东欧受众、东亚受众、南亚受众、东南亚受众、伊斯兰受众、非洲受众、拉丁美洲受众、太平洋岛国受众共九个类型，并以这些区域的政治、经济、文化和社会情况，来制定科学的传播策略。

（二）"一个海外华人群体"

海外华侨华人面对中国价值，既有血脉和文化基因的天然亲近之情，又有因为长期工作生活于其他政治、经济、文化环境而产生的疏离感。因此，同样需要将其作为一个独特的受众群体予以研究，并探索富有针对性、实效性的传播策略，引导和帮助他们更全面、更深刻地认知、认同和理解中国价值观，并成为中国价值的海外传播者、践行者和弘扬者，让世界通过他们更好地认识和理解中国。

三　选择受众的原则

就理论而言，全世界所有国家和地区的民众、政府和社会组织都是中国价值国际传播的目标受众，但是，在工作实践中，还是有必要将那些对于实现传播目标具有重要意义的受众筛选出来，将其作为重点受众，在深入研究的基础上对其实施精准传播，只有这样，才能切实提升传播效果。如何在庞大复杂的中国价值国际传播受众中筛选重点受众呢？对此，我们应该坚持五个基本原则。

一要遵从地缘上由近及远的原则。要将周边国家和地区的政府与人民作为首要且重要受众。俗话说"远亲不如近邻"。对于中国而言，周边国家和地区的政府与人民的理解和支持十分可贵。为此，我们必须将周边国家和地区的政府与人民作为中国价值传播的关键受众，以切实有效的策略推进传播实践。

将周边国家和地区的政府与人民作为中国价值传播的重要目标受众是由中国的国情决定的。首先，中国是一个邻国众多的国家，周边地缘环境十分复杂，面向周边国家和地区做好中国价值传播工作，有利于这些国家和地区的政府与人民从价值观念的层面，更深入地理解中国、理解中国人民，进而与中国形成睦邻友好、守望相助、互惠互利共赢的国际关系。其次，周边国家和地区与中国山水相连、文化相近、地缘相亲，且在历史上与中国有着千丝万缕的联系，因而更容易接受中国价值，也更容易与中国形成价值呼应和精神共鸣。最后，周边国家和地区与中国有着更为紧密的政治、经济、文化、社会、生态联系。让周边国家和地区的政府与人民透过价值观念之窗深刻洞见中国，深度把握中国的文化根基与价值信仰，有利于他们更深入地了解中国，从而打消"中国威胁论"的疑虑，与中国建构互信、互鉴、互助的周边外交关系。基于以上三点，我们应当毫不动摇地将周边国家和地区的政府与人民确定为中国价值传播的首要目标对象，并在这些领域精耕细作，制定"一国一策"甚至"一地一策"的传播策略，精细化、精准化、本土化地将中国价值之精华播撒向这些国家和地区。

二要遵循影响由大到小原则。将对象国具有强大影响力的群体作为重点受众。在中国价值国际传播受众中，有一些特殊的群体，他们具有强大的社会行动能力和广泛的社会影响力，是中国价值国际传播实践必须充分关注和高度重视的目标对象。从中国价值国际传播实践来看，这些群体包括如下几个：一是政治家群体，他们是各国的政治精英，对中国价值的认知和认同程度在很大程度上决定着他们国家的对华态度；二是企业家群体，他们是一个国家和地区的商业精英，对中国价值的认知和认同程度决定着他们是否愿意前往中国投资或者是否愿意与中国政府和企业开展深度的经济合作；三是文化精英，他们对中国价值的态度决定着他们是否愿意将中国价值精髓融会在他们的文化创作和传播活动中，进而引领和影响他们的人民以开放、包容和欣赏的态度接纳中国价值。影响力大小原则还应该体现在另外一个维度，那就是要按照国际影响大小原则，将那些政治上具有广泛影响力、经济上具有雄厚实力、文化上具有强大号召力的国家的政府和人民作为中国价值传播的重点对象，而且是重中之重。

三要遵从利益相关性原则。将与中国有重大利益关系的国家和地区的政府、人民作为特殊受众。在中国价值传播的众多对象中，有那么一些国家和地区，他们与中国有着特殊的利益关系，这种利益关系或是重要的战略合作关系，或者是在政治、经济、外交乃至军事上的某些领域形成了相互理解、彼此支持的伙伴关系。中国价值如果能够在更深、更广的层面上获得这些国家和地区的政府和人民的支持，那么就有利于夯实彼此的合作，升华彼此的关系，使中国价值国际传播的效果不断提升。因此，在中国价值国际传播实践中，首先要深入分析哪些国家和地区与中国有重大的利益关联，并在此基础上调动优势资源对其施加影响，以求传播效果最大化。

四要遵从心理上的亲疏原则。将亲近中国的国家和地区的政府、人民作为重点传播对象。在复杂多变的国际关系格局中，有的国家和地区与中国相亲相近，有的国家和地区则与中国有隔阂、有误解、有竞争，这是我们必须面对的国际关系现实。这种现实在中国价值传播领域的反映是，我们需要从对国际关系的基本判断出发，将那些与中国相亲相近的国家和地区的政府和人民作为中国价值传播的重点之一，并通过受众国家和地区的政府、人民乐于接受的形式和手段，切实加强中国价值传播，确保这些国家和地区的政府、人民能够不断深化对中国的认识，进而让彼此之间的情谊愈加深厚。需要指出的是，之所以要将亲近中国的国家和地区的政府与人民作为重点受众，是因为其有效传播的可能性较大。事实上，对疏远中国的国家和地区的政府、人民开展中国价值传播更具开创性意义，因为通过深入有效的中国价值传播，可以消除这些国家和地区的政府和人民与中国人民的隔阂和误解，从而建构起互利互惠、互助共赢的新型国际关系。

五要遵循血脉相通原则，强调中国价值在海外华人中的传播。海外华人又称华裔，指生活在中国之外、拥有华人血统的人。根据《华侨华人研究报告（2019）》统计，作为全球最大的移民群体之一，海外华侨华人总数已经突破6000万人，分布在全球各大洲160多个国家和地区。① 海外华人是华夏子孙的重要组成部分，他们虽然分散在五湖四海，但与中华儿女血脉相连，而强大的文化基因又让他们对中国价值有天然的亲近感。在海外华人群体中深入传播中国价值既有利于他们持续深化对中国价值的理解和认同，又有利于增强海外华人的民族自豪感和自信心。此外，在海外华侨华人中精准传播中国价值，有利于扩大中国价值的世界影响面，为中国价值的世界传播创造良好的舆论环境。

总之，中国价值国际传播虽然挑战重重、道路艰辛，但对于国家文化软实力的提升、中华民族文化自信的养成意义重大，功在当代，利在千秋。为此，我们将以中华民族所特有的不屈不挠之精神扎实推进，向世界广泛宣介中国主张、中国智慧、中国方案，同各国一道为解决全人类问题做出更大贡献。

---

① 贾益民、张禹东、庄国土主编《华侨华人研究报告（2019）》，社会科学文献出版社，2019。

小　结

"5W"模式诞生的时候，传播学刚刚萌芽，"受众"尚未完全摆脱"靶子"地位，其主动性、能动性远未得到体现，因此，拉斯韦尔的"5W"模式实际上是一个以传播者为中心的理论范式。但是，在"第四媒体"强劲兴起，以受众为中心的传播格局不断形成，传播态势正在从"大众传播"向"分众传播""精准传播"转向[①]的新传播时代，"5W"模式的时代局限性愈加明显地体现出来，我们需要结合新的传播格局和传播态势对其进行优化和调整。在"受众中心"时代，传播不仅仅是一种交流，更是一种服务，而服务的核心是让服务对象满意。如何满足受众需求？如何让受众满意？这是中国价值传播要努力解决的问题，而这一切都建立在科学、准确、务实的受众分析基础上。在新传播时代，在分众传播实践中，受众分析是传播活动的起点、重点和基点。也正是基于上述考量，我们在建构以"新7W"模式为核心的中国价值传播体系时，将"受众分析"放在十分重要的地位上，并将其作为传播实践的出发点和归宿处，力争建立一个切实以受众为中心的传播体系。

---

① 颜军、王菁：《习近平新时代中国特色社会主义思想国际传播研究》，《马克思主义研究》2020年第5期。

第五章　中国价值传播的内容建设

习近平总书记指出:"精神文明建设特别是思想道德建设一定要通过看得见、摸得着的方式,创造实实在在的载体,寓教于乐,入耳入脑,深入人心,潜移默化。道理要说清楚讲明白,但任何道理要深入人心,都不能光靠说教,要有一个好的载体,通过积极探索和创造更多更加贴近实际、贴近群众、贴近生活的有效载体,使精神文明建设活动开展得有声有色、富有实效。"① 作为精神文明建设的重要范畴,中国价值传播如果仅仅依托"富强、民主、文明、和谐""自由、平等、公正、法治""爱国、敬业、诚信、友善"这24个字和人类命运共同体这一理念的话,传播就只能停在表面和流于形式,中国价值也难以深入民心,自然也难以引起世界共鸣。因此,中国价值传播必须把抽象的24个字和"人类命运共同体"进行有效的解码和编码,将其转化为优美的故事、生动的形象和动人的辞章,为其插上文化的翅膀、思想的翅膀、艺术的翅膀,让其轻松愉悦地飞越高山和大海并深深地扎根在中华儿女的心中,深刻影响世界对中国的认知。

第一节　中国价值国内传播内容建设

中国价值传播是一个复杂的系统工程,而根据各传播主体的

---

① 习近平:《之江新语》,浙江人民出版社,2007,第96页。

优势和特色选择适当的传播内容并由此编织一个多层面、多向度的传播内容系统便是传播体系建构的重要内涵。中国价值国内传播面向国内受众，其主要目的是通过深入有效的传播实践，让中国价值观切实成为"引领社会思潮，凝聚社会共识"的最大公约数。中国价值能否实现有效传播取决于传播内容是否能够获得受众的认同和喜爱。因此，传播内容建设是中国价值传播体系建设的重点和难点。如何切实推进中国价值国内传播的内容建设呢？根据不同传播主体的传播优势和责任使命，我们可以以不同的传播主体的传播偏向为依据，对中国价值传播的不同内容建设进行探讨，并就如何编织科学合理的中国价值传播内容体系的问题进行更深入、更广泛的研究。

一　政府传播内容建设

作为中国价值传播的核心主体，政府在中国价值传播实践中除了发挥组织、引领和保障作用之外，还是传播活动的直接实施者。从传播内容的角度审视，政府传播通常是以自上而下的方式对中国价值的具体内容进行认知性传播，多以刚性传播为主。基于本书此前对中国价值的界定，我们认为政府传播的重点是社会主义核心价值观和人类命运共同体的基本内容，而国内传播又以对社会主义核心价值观的基本内涵进行全方位、多角度传播为核心和主体。

作为社会主义核心价值体系的内核，社会主义核心价值观的凝练和提出是十分慎重的，不仅广泛汇集了各方智慧，充分汲取了中华民族数千年历史文明的养分，而且经历了较长时光的精细打磨，其基本内容一旦确定就具有十分鲜明的权威性。而政府作为社会主义核心价值观的倡导者，必然也是其最重要的传播者，也只有切实通过深入细致和富有成效的传播实践，才能让经过充分讨论和打磨的中国价值真正成为凝聚中华民族的精神力量，并获得世界民众的理解、认可和支持。近年来，政府在社会主义核心价值观传播方面的努力和付出是显而易见的。得益于政府的积极推动，以"三个倡导"为核心的社会主义核心价值观已经迅速占领民众的认知空间，并逐渐成为中华民族共有的价值追求。政府作为中国价值传播的主体对社会主义核心价值观的全面传播，是在中国共产党第十八次全国代表大会召开之后启动的，其标志是 2013 年 12 月，中共中央办公厅印发《关于培育和践行社会主义核心价值观的意见》，并提出要把培育和践行社会主义核心价值观融入国民教育全过程、落实到经济发展实践和社会治理中，强调要用社会主义核心价值观引领社会思潮、凝聚社会共识。《关于培育和践行社会主义核心价值观的意见》的印发，结束了学术界和理论界关于社会主义核心价值观基本内容确定的探讨，并开启了阐释和传播阶段，此后，政府主导的新闻出版机构便全速运转，在神州大地掀起了社会主义核心价值观传播的新浪潮：2014 年 2 月 10 日，人民出版社出版了《关于培育和践行社会主义核心价值观的意见》单行本，并在新华书店首发；2014 年 2 月 12 日，用 24 个字高度概括的社会主义核心价值观内容在《人民日报》《光明日报》《解放军报》《中国青年报》等主流报纸和媒体的头版显要位置刊登，《人民日报》还刊发了《人民有信仰，国家才有力量》的评论员文章；此后连续三天，《人民日报》先后发表了《追求矢志不移的强国梦想》《拿出久久为功的韧劲儿》《培育昂扬向上的品格》三篇评论员文章，引领中华儿女积极培育和践行社会主义核心价值观；2 月 24 日下午，中共中央政治局就培育和弘扬社会主义核心价值观、弘扬中华传统美德进行第十三次集体学习。[1]

多角度、全方位的集中宣传之后，政府主导的社会主义核心

---

[1] 郭建宁：《社会主义核心价值观基本内容释义》，人民出版社，2014。

价值观传播实践转入了不断深化、细化和优化的常态化阶段，传播途径更加多元，传播内容更加丰富，传播模式更加成熟，一个立体化、全方位的社会主义核心价值观传播网络基本织成，并展现出坚韧强大的传播力量。

　　一是充分发挥大众媒体的优势，丰富传播内涵，拓展传播视野。如果说初始阶段的集中传播重在对社会主义核心价值观的基本内容进行普及性传播的话，那么其后的宣传则更注重对社会主义核心价值观的现实意义、文化根源、深刻内涵等方面进行深度阐释和解读，以彰显培育社会主义核心价值观对于中华民族伟大复兴的紧迫性，帮助国民更深刻、更全面地理解和认同，并自觉践行和弘扬社会主义核心价值观。为此，在政府的倡导下，报纸、电视台、门户网站等主流媒体积极行动起来，纷纷安排在重要版面和时段推出专栏、专题、专访，运用新闻报道、时事评论、访谈节目、专题节目等形式，从不同角度和层面丰富和拓展社会主义核心价值观传播的内涵和视野，并对其精神实质、科学内涵和基本要求等方面进行了系统阐释，让社会主义核心价值观以一个完满的价值体系形态呈现在大众面前。除了发挥传统主流媒体系统性宣传报道的优势之外，政府还与时俱进，积极发掘新媒体在社会主义核心价值观传播中的独特优势，通过开设专题网页和运用微博、微信、手机报和客户端等平台，及时宣传报道各行各业、各群体培育和践行社会主义核心价值观的新闻动态、工作经验和感人事迹，让社会主义核心价值观传播更加贴近生活，更加贴近民众，更加富有情感。

　　二是充分发掘其他媒介的传播作用和优势。除了大众媒体和新媒体之外，社会主义核心价值观传播的载体还有很多，而政府作为社会主义核心价值观传播主体的重要优势就是能够充分地整合和运用丰富的媒介资源，并切实打造立体化传播体系。就社会主义核心价值观传播而言，政府调动其他媒介资源的情况并不少见，而且对于很多人来说，关于社会主义核心价值观的基本认知可能并非来自传统媒体和新媒体，而是来自其他的媒介载体。当你在高速公路上风驰电掣的时候，会看到宣传社会主义核心价值观的巨幅广告；当你走在城市的大街小巷时，可以看到街道、小区、商户、出租车车顶的LED显示屏，甚至墙面都成了传播社会主义核心价值观的载体；当你登上公交车，你会发现，车载视频会反复播放社会主义核心价值观的基本内容；当你走进学校、企业、社区，你会发现首先映入你眼帘的可能就是社会主义核心价值观的基本内容；当你来到偏远的农村，依然会发现，社会主义核心价值观的基本内容也已经成为村落里最具特色的文化标识。对于社会主义核心价值观传播来说，可以依托的载体有很多，除了传统大众媒体和新媒体之外，还有很多媒介载体可以运用，并且能够发挥十分独特的传播作用。当然，只有得到政府如此强有力的推动，才能确保社会主义核心价值观能够获得足够丰富的传播资源和足够广阔的传播空间。

三是组织开展社会主义核心价值观传播主题活动。以社会主义核心价值观传播为目标，在政府的倡导和支持下，有关单位充分发挥积极性和创造性，纷纷组织开展丰富多彩的社会主义核心价值观传播主题活动，以更加形象生动和新颖别致的方法推动社会主义核心价值观传播，并取得了良好的传播效果。

在丰富多彩的社会主义核心价值观传播主题活动中，由中宣部宣教局和光明日报社共同主办、光明网承办的"核心价值观百场讲坛"邀请了一流专家学者和社会主义核心价值观的践行典范，对社会主义核心价值观进行科学、生动、富有感染力的解读，并运用网络视频直播、线上线下互动、报纸报道等方式进行立体、广泛传播，产生了较为广泛的影响，已经成为社会主义核心价值观传播的重要品牌。如果说"核心价值观百场讲坛"是社会主义核心价值观传播领域的一轮明月，那么以演讲、书画、征文、短视频等其他形式组织的许多主题活动则是这一领域的闪亮星辰。他们一起构筑了社会主义核心价值观传播的另一个美妙维度，并以其独特的方式折射出中国价值的无限光芒。

总之，作为中国价值传播的主导者、引领者和组织实施者，政府在推动中国价值传播方面倾注了大量心血，以社会主义核心价值观传播为主要抓手，进行了积极探索，也取得了十分显著的成效，让社会主义核心价值观获得了越来越多的理解和认同，并逐步成为凝聚中国力量的精神纽带。但是，简单、直接、生硬依然是政府在中国价值传播领域面临的难以破除的"魔咒"，也存在诸多需要提升和改进的关键点，而其中最为关键的还是内容建设，也就是要将三个层面"24字"的社会主义核心价值观以更有艺术性、更富感染力、更能拨动民众心弦的符号进行解码和以更加贴近时代需求、更加受大众欢迎的方式进行传播。那么，政府传播的内容建设应如何加强和改进呢？对于这一问题的理论探讨是非常密集的，其中不乏一些颇有洞见的观点。资深社科专家叶南客就曾撰文指出，中国价值传播要顺应新时代社会发展趋势，切实把握人民群众，尤其是年青一代的心理状况和需求，拓宽思路、积极作为，通过不断创新传播方式，努力推动传播模式实现从"独白"型传播到"对话"型传播、从"说教"传播到"体验"传播、从"显性"传播到"隐性"传播的三个转变。①"三个转变"不仅是叶南客先生的理论创新，也是新时代新的传播格局对中国价值传播提出的新要求，而如何真正实现这种转变，则需要通过切切实实的内容建设来体现。这不仅是中国价值传播话语变化和方式改变的问题，也是传播行为不断升级和升华的问题。那么，如何在社会主义核心价值观传播实践中，切实做

---

① 叶南客：《创新社会主义核心价值观的传播方式》，《光明日报》2018年2月14日，第6版。

到"三个转变"呢？我们应该努力做到"三多三少"。

一是多讲案例，少喊口号。社会主义核心价值观涉及国家、社会、个人三个层面，是一个内涵十分丰富的理论体系。自中国共产党第十八次全国代表大会正式明确社会主义核心价值观的基本内涵以来，就涌现出了诸多积极践行社会主义核心价值观的生动案例，我们应该倾注更多的热情和精力，挖掘和整理那些在日常生活中将社会主义核心价值观内化于心、外化于行的动人故事，并整合多种传播媒介和运用多种传播渠道，用生动的话语和亲切的叙事方式讲述和传播这些美好故事，让社会主义核心价值观以更加鲜活的形态呈现，最终使其"像空气一样无处不在、无时不有，成为全体人民的共同价值准则"。[1] 当然，在挖掘和整理践行社会主义核心价值观的生动故事方面，许多组织机构已经付出了努力，也取得了一定成效，但这方面的工作依然不够深入、不够细致，而且投入的心力仍然有限。这也在一定程度上反映了，我们在中国价值传播方面的部分探索仍浮在表面，向深处耕耘的空间仍然十分广阔。

对践行社会主义核心价值观动人故事的挖掘、整理和传播不够深入和细致，在一定程度上不仅会妨碍中国价值传播走出浅表化的困境，也会妨碍文艺创作者获得生动素材，影响关于中国价值传播的文艺创作，让社会主义核心价值观传播失去一个十分重要的传播渠道，并始终在平庸化的境地中徘徊。与口号式地宣传三个层面"24字"的社会主义核心价值观相比，寻找、整理和传播践行社会主义核心价值观的生动故事显然需要投入更多精力和面临更多挑战，但是二者是不同层面的传播，是不同目标的传播，其效果自然也不可同日而语。因此，各级政府以及作为政府延伸的传统主流媒体必须从初期以追求认知性效果为目标的简单

---

[1] 习近平：《在文艺工作座谈会上的讲话》，人民出版社，2015，第23页。

传播中走出来，并切实在"多讲案例，少喊口号"上注入情感和下足功夫，不断提升传播层次和水平，并追求更好的传播效果。这是"传播进化论"的必然结果，也是作为中国价值传播主体的政府在中国价值传播实践中必然经受的挑战。只有如此才能摆脱"对空言说"的窘境，让承载着美好愿望的传播产品真正进入大众之心。

二要多用学术表达，少点儿宣传话语。要让社会主义核心价值观真正成为引领社会思潮、凝聚社会共识的主流价值，就需要让大众不仅知其然，而且知其所以然。因此，在传播实践中，我们既要广泛宣传社会主义核心价值观的基本内涵，也要对社会主义核心价值观的理论根源、提出和凝练的审慎过程，以及社会主义核心价值观培育的目标定位等基础理论问题进行清晰阐释[①]，而要深刻阐释这些问题，不能只使用宣传话语，而是需要更多的学术表达，要在传播的深度和力度上下功夫。深刻剖析和妥善传播社会主义核心价值观的文化根源有利于帮助广大受众拓展对其认识和理解的维度，充分理解社会主义核心价值观是从深厚的文化沃土中成长起来的精神之花、文明之花，是华夏民族精神最集中的体现和最直接的传承；有利于提升民众对社会主义核心价值观的认可度和接纳度，从而增强传播效果。讲清社会主义核心价值观提出和凝练的审慎历程，有利于让受众清晰了解社会主义核心价值观经历了一个不断淬炼和优化的过程，每个字都凝聚着心血、汗水和智慧，并非信手拈来，也并非随意指定。在具备这些认识的基础上，民众在面对社会主义核心价值观的时候就能够多一份庄重，多一份敬意。要讲清楚社会主义核心价值观的培育目标，应该强调培育和践行社会主义核心价值观的重要意义，让大

---

① 施海涛、秦灵：《论当代青年社会主义核心价值观培育的几个基础理论问题》，《学术探索》2015年第3期。

家明白，社会主义核心价值观将中华儿女凝聚成为一个坚实的责任共同体和命运共同体，是中华民族不断强起来的精神之钙，是中华民族走向强大的必由之路，进而调动起大家培育和践行社会主义核心价值观的积极性和主动性。

三要多贴近生活传播，少脱离实际宣传。培育和践行社会主义核心价值观的终极目标是实现中华民族伟大复兴，其过程是团结和引领全体中华儿女以"爱国、敬业、诚信、友善"的姿态投身工作，共同建设"富强、民主、文明、和谐"的国家和"自由、平等、公正、法治"的社会。可见，培育和践行社会主义核心价值观与学习、工作、生活是统一的而非对立的，社会主义核心价值观传播也必然要贴近学习、工作和生活，只有这样，才能更有成效，更见效果。因此，社会主义核心价值观传播更应该到学习、工作、生活中去寻找生动案例、感人故事。这样，千千万万个感人故事的涓涓细流就会汇聚成为烟波浩渺的大海，就会凝聚成为建设国家和美好社会的重要力量。那么，如何到学习、工作和生活中去寻找、发掘培育和践行社会主义核心价值观的动人故事呢？这不仅仅需要社会主义核心价值观各传播主体的共同努力，更需要发挥个人的力量，动员大家如同捡拾海贝一样，将这些美好从生活之海中挑拣出来，然后再通过"把关人"的精心筛选和媒体的放大，让它们放射出炫目的光彩，带给人们怡人的温暖。

二 大众传媒内容建设

大众传媒在中国价值传播中的作用是多层次的。首先，作为政府的延伸，它必须遵循政府传播中国价值的指令和要求；其次，它本身也是中国价值传播的重要主体，肩负着积极主动推进中国价值传播的社会责任；再次，大众传媒不仅是中国价值国内传播的主体，也是中国价值国际传播的主体。可见，大众传媒在中国价值传播体系中居于十分重要的地位，而大众传媒的内容建设质量和水平，也直接影响甚至决定着中国价值传播的质量和水平。那么，如何有效推进大众传媒的内容建设，使其大众性得到更好的凸显，获得大众的喜爱，并在中国价值传播实践中发挥更加重要的作用呢？在深度探究大众传媒的内容建设之前，首先应该探索大众传媒在中国价值传播领域的作用机理，为中国价值传播的内容载体建设寻找理论和实践根源。

从广义上讲，大众传媒包括报刊、书籍、广播、电视等传统媒体，它们是普通大众获得权威信息的主要渠道，其宣传的思想意识和主流价值观对整个社会都具有十分重要的引导作用。大众传媒发挥中国价值传播主体作用的途径有二：一是直接、简单、有效地传播社会主义核心价值观的内容，为大众提供一个主流价值；二是将简单直接的社会主义核心价值观经过重新编码，转化为能够如春风化雨般浸润大众心灵的内容，引领大众成为社会主义核心价值观的自觉践行者和传播者。

因此，大众传媒在内容建设上需要更加贴近大众，用大众更加乐于接受的话语方式与大众对话。同样，不同的大众媒体又需要从自身特点出发，根据受众偏好，在内容建设上形成自己的特色，以更好地吸引受众，获得受众的喜爱与信赖。为此，我们需要对大众媒体的内容建设进行分类探析。

一是大众报刊内容建设。在人类传播史上，报刊占据着非常重要的地位，这主要是由于以下三个方面的因素：首先，学术界广泛认为，大众报刊的出现标志着大众传播时代的到来[1]；其次，大众报刊作为人类信息传播的重要形式和手段，陪伴人类走过

---

[1] 传播学的集大成者施拉姆将第一批油印《圣经》出版的日子称为"大众传播开始的日子"，但是很多学者对此持有异议，认为大众报刊的出现，才是近代大众传播开始的起点。

了近 200 年风云变幻的历史时期，并在人类社会变革和社会生活中扮演了十分重要的角色，产生了十分广泛的影响①；最后，即便在新媒体横空出世的今天，在传统报刊地位大受影响的当下，走向融合发展道路的大众报刊，依然是新媒体生长的肥沃土壤。报刊能够实现从小众化到大众化的发展，得益于其获得了分散的、异质的、不定量的、多数的一般大众的青睐。而在新媒体格局下，信息的洪流泥沙俱下，曾经推动报刊从小众走向大众的"花边新闻"已经通过其他更快捷、更廉价的方式充斥着人们信息生活的各个角落，媒介生态已经出现了颠覆性变化。大众报刊作为"新闻纸"存在的作用已经消退，但是其作为"观点纸"存在的作用必将进一步凸显。② 因此，在新媒体时代，大众报刊在中国价值传播方面，要重点突出其"观点建设"的价值和作用。而所谓观点建设，就是要发挥大众报刊的权威性、深刻性、思想性等方面的优势，推进有深度的议题设置，提出有冲击力、感染力的观点，进而影响有影响力的人，培育一批"意见领袖"。

二是书籍内容建设。谈到大众传媒，人们往往会忘记书籍，事实上，书籍是大众传媒中当之无愧的王者。与其他大众传媒相比，图书内容的深度、厚度以及完整的逻辑性和理论性是其他大众传媒无法比拟的。在中国价值传播实践中，"图书出版物的准

---

① 15 世纪 40 年代，古登堡在中国印刷术的基础上发明了金属活字和印刷机，使信息的机械化生产成为可能。此后，人类逐步从以口语和手抄文字传播为主的漫长时代中解脱出来，开启了印刷媒介时代。印刷媒介，尤其是报刊开始在人类生活中发挥重要作用。但是，一直到 19 世纪 30 年代，报刊的内容都以政论为主，其发行对象主要是政党组织的成员和受其影响的部分群众，发行量都不大，且价格偏高，超出大众所能承受的范围。因此，学术界普遍认为，报刊成为大众传播媒介是 19 世纪 30 年代的事情，标志性事件是廉价的"便士报"的出现。
② 大众报刊从小众化的政论报刊转化成为大众化的"便士报"后，实现了从"观点纸"向"新闻纸"的转化。

确、生动阐释和演绎，是传播价值观最有效载体和路径之一"。①我们要充分突出图书在中国价值传播领域的系统性、完整性特征，让图书在中国价值的对内传播和对外传播领域发挥显著作用。要让图书能够担当起中国价值传播的使命，其重要的路径是通过切实有效的引领，从中华上下五千年的厚重历史中采掘经典素材，策划体现鲜明中国文化特色和中国价值精髓的精品，向世界展示真实的中国风采、中国文明、中国主张和中国价值，在增进彼此理解和认同的基础上，不断弘扬和践行中国价值。

三是广播内容建设。广播是人类历史上第一次进入家庭的大众电子媒介。它在无线电通信的基础上发展起来，在大众传播史上曾经占有重要地位。随着影视媒介的普及，广播一度进入了低谷，但是在新的媒体格局中，广播重新找到了生存空间，并再度成为大众传播领域的一匹黑马。广播在当下重新获得生存空间，主要得益于其传播方式的即时性。所谓即时性，是指广播可使传播内容在声音所及的范围内，迅速传播到目标受众耳中。作为受众，不论你正在做什么和在哪里，只要打开收音机就能从广播里获取信息，广播的这种即时性收听拓展了时间的维度。对于忙碌的现代人而言，这种伴随性的信息获取方式具有十分重要的意义。"喜马拉雅"是新时代广播的一道光，它正在以丰富的音频内容生态，在互联网星际中自由飞舞、茁壮生长，而且更多类似"喜马拉雅"的传播形式正在迎风生长，迎合着忙碌的现代人对"并行空间"的期待和追寻。

对于中国价值传播实践而言，必须寻找更多机会，借助多种平台。广播作为其中的一个重要媒介，需要我们将中国价值进行巧妙编码，并植入到广播节目之中，让受众在旅途中，晨练、做

---

① 2016年10月20日，时任中共中央政治局委员、中央书记处书记、中宣部部长刘奇葆在图书"走出去"工作座谈会上的讲话。

家务时都能学习、感悟、领会中国价值的深刻蕴涵。"中国价值"能否在激烈的信息竞争中获得"平行时间",其决定性因素在于其是否能够以受人喜爱的编码形式出现。

四是电影内容建设。电影通常作为一种大众娱乐的方式存在于人们的日常生活中,但其传播效果却远远超出了人们的想象。在价值传播方面,电影作为一种传播手段通常能赢得良好的口碑。电影的大众传播媒介属性是由其庞大的观影人群决定的。据有关史料记载,早在1911年,纽约就已经拥有400多家电影院,每周的观众多达150万人,而其中工人阶级所占比例为72%。此后,电影的发展势如破竹,并在第二次世界大战后发展成为聚合生产、发行和放映等多个产业链的大规模产业,推动艺术、娱乐、商业与现代技术深度融合,其传播力得到了前所未有的提升。总之,电影作为大众文化中最具吸引力和感召力的存在,具备塑造和传播价值观的巨大潜力,是中国价值传播必须借助的力量和占领的阵地。

电影在价值观塑造和传播领域的重要作用已经被诸多国家的实践证明,并且得到越来越多国家的高度重视。那么,如何让电影在艺术、娱乐和商业之间找到有效的平衡点,确保其价值导向能够与社会主义核心价值观相吻合呢?一方面,电影本身要加强内容建设;另一方面,相关组织机构要切实发挥好把关人的作用,尽可能让每部影片在传播正能量和唱响主旋律的同时,也具有高度的艺术性和强烈的感染力。

五是电视内容建设。电视集视觉、听觉于一体,通过影像、画面、声音、字幕以及特技等手段传递信息,以独具特色的现场感、画面感和冲击力影响着人们,是民众获取外界新闻和信息的重要手段,也是深受大众喜爱的文化和娱乐生活方式。电视凭借上述媒介优势,一度赢得了大部分年龄段的受众,并深刻地影响着现代社会的发展。电视的影响到底有多大?大到有人将其与原子能、宇宙空间技术并称为"人类历史上具有划时代意义的三大事件",并认为电视是"震撼现代社会的三大力量之一"①。在新媒体的洪流中,电视的影响力显然也在下降,但其依然是十分重要的大众媒介,是中国价值传播的重要主体。因此,必须加强电视节目的内容建设,让其在中国价值传播实践中发挥重要作用。

电视在中国价值传播方面已经彰显了无可替代的重要作用,但是,在内容建设方面依然有巨大的提升空间。首先,在电视节目的播出方面,相关工作人员应该切实以社会主义核心价值观和人类命运共同体的价值要求为标准,更加科学有效地进行把关,让大部分节目都能成为中国价值传播的有效载体,让受众能够在观看节目的同时,感受到中国价值的凝聚力和感召力;其次,要以传播和弘扬中国价值为目标,根据受众偏好,有意识地策划一些与社会主义核心价值观和人类命运共同体联系更加紧密的节目,让中国价值传播的氛围更加浓厚、指向更加明确、效果更加凸显;再次,要发挥电视台制作团队的专业优势和强大的号召力优势,组织一些中国价值传播活动,以更加积极主动的方式传播中国价值。

六是新媒体内容建设。"新媒体"是一个相对的概念,也是一个动态的概念,报纸、广播、电视都曾以"新媒体"的形象闪耀于人类传播历史的漫漫征途,并以"新"的力量影响社会经济文化发展进程。今天,所谓新媒体,主要是指"伴随卫星通信、数字化、多媒体和计算机网络等技术的发展而出现的新型传播媒介,包括跨国卫星广播电视,多频道有线电视,文字、音像的电子出版物以及互联网络等"。②与传统媒体相比,新媒体的优势十

---

① 孟丽娜:《电视知识分子对社会文化的积极影响》,《青年记者》2012年第20期。
② 成振珂:《传播学十二讲》,新世界出版社,2016。

分明显：其一，新媒体最为突出的特征是传者和受众双方的互动渠道得以建立和拓展，并能够有效发挥作用，让传播实现了从单向度的灌输向多向度的交流演变，从而让"思想之间的割裂"这种"自然界中最绝对的割裂"有了沟通的桥梁；① 其二，新媒体通过对新技术的运用，将丰富多彩的传播功能整合在一起，形成了一个立体化传播体系，从而拓展了媒介功能，让媒介兼具广播、电视、报纸等的传播优势，从而更为强大，更具影响力；其三，作为数字化技术发展的巨大成果之一，新媒体不仅仅是传播平台，也是取之不尽、用之不竭的媒介资源库，巨大的信息量能够满足受众的多元需求，并为新传播范式的建立奠定了坚实的数据基础；其四，囿于传播技术和传播形式的限制，传统媒体的传播范围一般限定于特定的国家或地区，而电子通信、卫星和互联网等新技术为新媒体在全球范围内传播信息奠定了十分坚实的技术基础。新媒体的这些优势表明，中国价值传播必须依靠新媒体才能更好地面向未来。"善于利用新媒体传播的优势，用先进的、丰富的、有时代感和有吸引力的形式传播核心价值观。不断创新传播内容和形式，更好地迎合受众的需求，让社会主义核心价值观成为全国人民价值观的'最大公约数'，发挥其凝聚社会共识、引领社会风尚的重要作用"②，已经成为中国价值观传播实践必然面对的机遇和挑战。

那么，如何加强新媒体内容建设，使其更好地发挥中国价值传播主体的作用呢？首先，我们要充分运用新媒体技术，将文本、音频、视频、动画等各种形式有机融合，使其汇聚成为信息量巨大、内容丰富充实的中国价值传播素材库，以生动灵活的方式宣传中国价值，并切实将抽象的中国价值转化为具体的图片、

---

① William James, *The Principles of Psychology* (New York: Dover Publications, 1950).
② 吴丹：《新媒体时代怎样传播核心价值观》，《人民论坛》2018 年第 21 期。

视频，增强其可读性和吸引力；其次，充分发挥新媒体具有的便捷性、广泛性等传播优势，充分发挥新媒体的互动优势，营造传者与受众良性互动和角色互换的良好传播环境，增强传播效果；再次，要充分发挥新媒体能够较好地打破时间和空间限制的特征，以及多种传播形式相互融合的优势，将社会主义核心价值观和人类命运共同体理念融入人们熟悉的生活场景中，使社会主义核心价值观的精神和理念如同空气和阳光一样无处不在、无时不有，温润人们的心田。

总之，大众传媒是中国价值传播的重要主体，必须通过切实有效的内容建设，成为传播中国价值的有效载体，并切实做到自身传递的精神、价值和理念都与中国价值具有内在的统一性，真正做到让中国价值如同空气和水一样，于无声处滋润着我们的精神家园。

三 学校传播内容建设

学校是中国价值传播的重要阵地，可以说，学校传播效果的好坏将直接决定中国价值传播的深度、广度和效度。当前，几乎所有学校都已经将社会主义核心价值观教育作为德育工作的创新点和提升点来抓，而且几乎所有学校都将"三个倡导"的内容放在校园最显眼的地方进行展示，有效解决了"入眼"的问题。但是，要切实让中国价值通过学校传播做到入脑入心，还需要在内容建设方面进行深入研究。那么，如何切实发挥好学校在中国价值传播领域的重要作用呢？我们应该重点利用好以下几个传播平台，并结合这些传播平台的具体情况，抓好内容建设。

其一，要充分发挥课堂的传播平台作用，有效开展教学传播。每次课堂教学都是一个传播场域，知识传播和价值引领是课堂教学的基本目标。但是，从长期的教学实践来看，过多强调知识传播而较少注重价值引领是课堂教学中存在的不可忽视的问题，课堂的价值传播功能也因此弱化。鉴于上述现象，有必要将课堂的价值传播功能建设作为改善课堂价值传播效果的重要路径之一，抓紧、抓好、抓实，让课堂实现知识传播和价值引领"双翼"托举的升华。

强化课堂的中国价值传播功能，首先要培养教师的责任感、使命感，让他们在传播知识的同时，自觉、自愿、自发地给学生以正确的价值引领。这既需要教师的自觉担当责任，也需要学校课堂建设制度的有效引领，让广大教师在机制的激励之下，主动将知识传播的课堂同时建设成为价值传播的场域。

其二，要充分发挥校园文化空间的传播平台作用，有效开展文化传播。在人生的漫漫旅程中，学生时代往往是最美好和令人印象最深刻的时期，在校园里受到的熏陶与感染往往也会跟随我们终身，并成为人生底色。校园里除了课堂上的传道、授业、解惑，还有丰富多彩的校园文化生活，它们既是学生增长知识的重要途径，也是其人格养成的第二课堂。在中国价值传播实践中，我们要高度重视校园文化活动的重要作用，并以富有创造性、创新性的校园文化活动为载体，把中国价值传播活动融入师生校园生活，把社会主义核心价值观和人类命运共同体的理念播种在学子的心田中。

那么，如何充分发掘第二课堂在中国价值传播中的作用呢？首先，我们必须加强第二课堂建设，使校园真正发展成为一个第一课堂和第二课堂相辅相成、各有侧重的二元结构，让学子走出教室还能得到第二课堂的熏陶和浸润；其次，科学设计和安排校园文化活动，确保校园文化活动既突出中国价值，又体现知识性、趣味性，使学生在丰富多彩的校园文化活动中收获知识、增加才干，同时得到良好的价值引领，实现能力提升与人格养成协同并进，同步升华。

其三，要充分发挥学术研究的传播平台作用，深入开展学术传播。高校是人才聚集的地方，具备对中国价值展开学术研究的良好条件，而深入有效的学术研究本身就是中国价值传播极其重要的手段之一。如何发挥学校的学术研究优势，把中国价值传播向深处、细处推进呢？首先，我们应该以有效的机制，调动学校的教师和专家学者就如何开展好中国价值传播进行深入研究，让中国价值传播更具科学性和实效性；其次，要引导学校的专家学者针对中国价值进行更深入更广泛的研究，并通过各种媒体发表有关成果，推动中国价值传播在话语方式上从宣传话语向学术话语过渡；最后，要引导广大教师结合最新的研究成果，通过课堂、讲座等方式和途径，以生动的语言和深邃的思想更好地传播中国价值。

四　企业传播内容建设

企业在生产商品和提供服务的同时，也生产各种社会关系，因此，它不仅是经济实体，也是社会实体，并在社会的运行和发展过程中发挥着极为重要的作用。在中国价值传播实践中，企业作为传播主体之一，同样肩负着重要责任。作为中国价值传播主体之一，企业要发挥好中国价值传播主体作用，关键还是要找到合适的内容载体，在生产和服务实践中自然地传播中国价值。企业要搞好中国价值传播内容建设，就要抓好以下几个关键点。

一要优化企业价值观建设，将企业打造成为中国价值传播载体。作为社会实体，企业本身就是中国价值传播的重要载体。企业如果能遵循和弘扬与中国价值相吻合的价值观，切实做到生产经营活动都能符合中国价值要求，那么，企业本身就是践行中国价值的楷模，企业的生产和服务实践也便是传播中国价值的具体活动。因此，企业要切实将价值观建设放在重要地位来抓，而且要旗帜鲜明地坚持以社会主义核心价值观和人类命运共同体理念为指导。

二要勇于担当社会责任，以实际行动践行中国价值。作为社会实体，企业传播中国价值的具体路径就是切实履行好社会责任，以一个负责任的企业的形象出现在公众视野中，并以优良的产品和优质的服务造福社会。那么，企业该如何承担社会责任呢？时任国资委主任肖亚庆鼓励企业在六个方面做好努力[①]：第一，要坚持依法经营，诚实守信；第二，要提高持续盈利能力；第三，要切实提高产品质量和服务水平；第四，要加强资源节约和环境保护；第五，要维护职工合法权益；第六，要热心参与社会公益事业。

三要创新企业广告宣传方式，展示良好的社会形象。广告是人们了解企业的重要途径，而企业广告一般分为产品广告和形象广告两大类，其中产品广告以促销为目的，追求的是短期效应，形象广告以树立企业形象为旨归，追求的是长期效果。作为中国价值传播的主体，企业在广告投放的时候，应该有意识地突出这一主体地位，通过赞助中国价值传播活动等更灵活多样的方式开展企业形象宣传，实现企业形象塑造与中国价值传播双赢共进的目标。

总之，企业作为中国价值传播的主体，应该进一步增强主体意识，并积极主动创新和加强传播内容建设。然而，目前我们对企业如何真正发挥中国价值传播主体作用这一问题的研究依然是粗浅的，很多问题需要在未来的探索中去寻求解决方案。

五　个人传播内容建设

马克思曾说："人是名副其实的社会动物，不仅是一种合群的动物，而且是只有在社会中才能独立的动物。孤立的一个人在

[①] 《肖亚庆：企业应从六方面努力做可持续发展的表率》，http://finance.eastmoney.com/a/201903281081812424.html，最后访问日期：2021年9月2日。

社会之外进行生产——这是罕见的事,偶然落到荒野中的已经内在地具有社会力量的文明人或许能够做到——就像许多个人不在一起生活和彼此交谈而竟有语言发展一样,是不可思议的。"① 人作为社会动物的属性是在与他人交往和互动的过程中体现的,而这种交往和互动的过程正是我们所讲的人际传播。人际传播是社会成员交流信息的重要渠道,是实现社会协作的重要纽带,是传承社会文化的重要工具,也是中国价值传播的重要渠道。因此,我们所有人都应该认识到,中国价值传播没有局外人,我们大家都是主体,都具有传播中国价值的责任与义务。个人要发挥好中国价值传播的主体作用,必须将自己打造成为传播中国价值的鲜活载体。为此,我们每个个体都要努力成为三个方面的榜样。

一要成为学习中国价值的榜样。中国价值看似简单,实则是一个庞大的理论和价值系统,只有认真学习、深入研究,才能真正体会其精妙绝伦之处,也才能在学习、工作和生活中自觉践行中国价值并成为主动传播中国价值的榜样。对于中国价值传播而言,学习是基础,是前提,没有深入的学习,传播就无从谈起。因此,作为华夏儿女,认真学习和领会中国价值是我们的基本责任与义务,也是我们作为中国价值传播主体必须具备的能力和素质之一。为此,我们应该把社会主义核心价值观和人类命运共同体放在中华民族的深厚历史文化背景中学习、放到实现中华民族伟大复兴的中国梦的奋斗历程中学习,如此,才能真正学深、悟透、用好。

二要成为践行社会主义核心价值观的榜样。践行社会主义核心价值观首先就是要努力成为"爱国、敬业、诚信、友善"的好公民,切实通过自己的言行举止,将这些优秀品质传递给别人,并通过自身去影响和感染身边的人。事实上,在社会主义核心价

---

① 《马克思恩格斯选集》(第2卷),人民出版社,2012,第87页。

值观的"三个层次"中,公民层面的要求是基础和前提,如果所有中华儿女都能做到"爱国、敬业、诚信、友善",那将凝聚起强大的力量,建设"富强、民主、文明、和谐"的国家和"自由、平等、公正、法治"的社会目标也就指日可待,中华民族伟大复兴的中国梦也就能够成为瑰丽的现实,在神州大地灿烂铺展。

三要努力成为传播中国价值的榜样。随着传播技术的发展,我们已经进入了"自媒体时代",每个人几乎都会参与并使用"自媒体"。什么是"自媒体"呢?美国学者谢因波曼与克里斯·威利斯联合给出了一个较为严谨的概念,他们认为,自媒体是普通大众经由数字科技强化,与全球知识体系相连之后,开始理解普通大众如何提供与分享他们自身的事实、新闻的途径。[1] 从这个定义可以看出,在自媒体时代,作为个体的公民在发布信息的时候,已经不仅仅是通过人际传播,更依托十分丰富的载体,并通过这些载体简单直接地接入全球知识体系。"自媒体"的发展意味着信息平权时代的真正到来,也意味着公民个体拥有更多的信息传播权利。作为中国价值传播主体,公民个体不仅要能够很好地运用人际传播优势,努力成为"意见领袖",而且要积极主动地运用博客、微博、论坛、微信、抖音等自媒体传播中国价值,让中国价值的涓涓细流汇聚成河,并泽润中华万里山河。

总之,作为中国价值传播主体,个体是最为广泛的存在,也是最为重要的力量之源,但是,能否将这些力量进行有效引导和聚合却是一个大问题。事实上,能否有效激发个人主体的积极性、主动性和创造性是中国价值传播效果好坏的决定性因素,同时,也是一个十分重要的衡量指标。因此,我们必须在这一领域

---

[1] 《新媒体环境下自媒体时代中难辨的"真相"》,https://www.fx361.com/page/2017/1017/2398259.shtml,最后访问日期:2021年9月2日。

精细耕耘，让所有的华夏儿女都能成为中国价值的践行者和传播者。

第二节 中国价值国际传播的内容建设

相对于国内传播，中国价值的国际传播是"跨越国界的信息传播"，[①] 所面临的情境更为复杂，要应对的不确定性因素也更为多样。国际传播的复杂性主要源于不同政治制度、意识形态、国家利益、经济社会发展水平、宗教信仰、文化传统、语言文字以及传播控制等方面造成的信息流通阻隔。这些障碍性因素的存在使传播主体在推进国际传播实践的过程中不仅要依靠先进的传播技术，还要更多地考虑目标受众所处国家或地区的政治、经济、文化环境，以对象能够和愿意接受的方式进行编码、解码，以切实提升传播效果，最大限度地实现传播目标。中国价值的国际传播既是意识形态建设，也是国家形象塑造工程，相较于普通意义上的国际传播更具特殊性，更需要在编码、解码的过程中讲究科学性、艺术性和适应性，以减少目标受众的抵触情绪和对象国政府对文化输入的顾虑。因此，相对于国内传播，中国价值的国际传播更需要智慧，也更要讲究策略，而智慧和策略最终都将凝聚在传播产品之中，以高质量传播内容的形式展现出来。

一 政府传播内容建设

作为中国价值国际传播的强势主体，政府不仅是中国价值国际传播的重要组织者、策划者、引领者，也是实践者。那么，作为中国价值国际传播主体的政府应该如何抓好内容建设，并通过

---

① 罗伯特·福特纳：《国际传播：全球都市的历史、冲突及控制》，刘利群译，华夏出版社，2000，第6页。

富有成效的传播实践实现"推动国际社会承认当代中国价值观念的客观性、深化国际社会对当代中国价值观念合理性的理解、促进国际社会吸纳当代中国价值观念的人类性"① 三大目标呢？本书认为，政府应该在深刻理解中国价值国际传播所处社会场域的基础上，在以下方面下足功夫。

一是要以更博大的情怀推进国际交流与合作。中国价值国际传播的旨归是展示良好的国家形象，要实现这一目标，最重要的路径并非简单直接地宣传"三个倡导"和人类命运共同体，而是要切实通过"亲诚惠容"的国际交流与合作，把"富强、民主、文明、和谐"的国家形象和"自由、平等、公正、法治"的社会形象以及"爱国、敬业、诚信、友善"的公民形象展现给世界。如何切实将国际交流与合作的舞台建设成为中国价值传播的载体呢？这就需要从国际形象设计的高度对国际交流与合作活动进行把关，做到在各个环节都体现大国风范、弘扬中华文化，展示真实、立体、全面的中国。同时，所有参与国际交流与合作的人员都应该接受事前培训以提升国际传播素养和意识，并将其在国际交流与合作活动中的表现纳入个人征信范畴，对影响国家形象的行为进行有效追责。

二要以中国文化"走出去"为载体，推动中国价值传播。中国价值并非天外来客，而是数千年中华文化沃土上盛开的文明之花，因此，推动中华文化"走出去"，便是推动中国价值传播。事实上，中华文明作为世界上源远流长的文明，其本身就是自带流量的，在世界各地都是受欢迎的，中国文化"走出去"本身并没有太多的障碍。站在中国价值传播的角度，作为中国价值传播主体，政府需要深入思考两个方面的问题：一是如何让"走出

---

① 项久雨：《中国价值观念国际传播的三大目标》，http://theory.people.com.cn/n1/2017/0714/c40531-29404414.html，最后访问日期：2021年9月2日。

去"的中国文化能够和中国价值更紧密地对接，让走向世界的中国文化能够更精准地体现中国价值，让世界人民能够透过丰富多彩的中华文化洞见中国价值的本源；二是如何让中国价值走得更远、更深，让世界人民在欣赏中国文化的同时，能够更多地认同中国文化和中国价值，进而理解中国、支持中国，这才是中国文化"走出去"的真谛。

三要与时俱进打造中国价值国际传播平台。中国价值国际传播需要依托覆盖广泛、技术先进的传播平台方可有效开展。而国际传播平台的打造需要调动大量资源，唯有依靠政府的强力推进方可实现。因此，作为中国价值国际传播的牵引者和推动者，政府必须将打造国际一流媒体作为中国价值国际传播的重要路径和手段来抓，确保中国价值国际传播能够行稳致远。事实上，作为国际传播能力建设的重要手段，构建国际一流媒体工程早已在中国大地铺开，而我们需要追求的是在信息技术革命的浪潮中顺势而为，不断发挥后发优势，并切实改变我国媒体在国际舆论中话语权不强的现状，着力提高国际传播影响力、中华文化感召力、中国形象亲和力、中国话语说服力、国际舆论引导力。

二 媒体传播内容建设

新华社、人民日报社、中央广播电视总台、中国新闻社、中国日报社是我国最重要的主流国际传播媒体。最近几年来，随着国家综合实力的提升和发展战略的调整，这些媒体的国际传播能力不断增强，为国家文化软实力建设做出了积极而重要的贡献。那么，如何在中国价值国际传播实践中更好地整合与发挥这些媒体的作用，确保中国价值国际传播能力和水平持续提升呢？在传播硬件技术已经日趋发达的当下，应该更好地把握"内容为王"的媒介生存之道，俯下身来、沉下心去，在媒体内容建设方面精耕细作，创造累累硕果。在开放融通的互联网时代，在日新月异的信息传播技术潮流中，世界传播格局将会日趋复杂，而无论世事如何变迁，加强媒体内容建设都是永不褪色的制胜砝码。为此，我们应该紧紧抓住以下几个关键点。

一要把国际传媒公信力建设放在中心位置来抓。公信力是媒体的生命，缺乏公信力的媒体不可能产生影响力，而媒体公信力形成的重要契机就是客观、公正、及时地报道重大突发新闻，并通过我们在新闻话语中展现的信念、理念和价值观来展现中国价值。遗憾的是，长期以来，我们的国际传播媒体在重大突发新闻的报道方面都采取了比较审慎的态度，总是担心报道不全面、不准确、不客观，给世界传递错误信息，影响中国形象，从而出现抢时效不够积极和发表观点不够及时、鲜明等问题，难以做到"先声夺人"。这种情况的存在"不仅给某些境外媒体散布谣言的机会，也极大地损害了中国传媒的形象，导致国外受众对中国传媒的怀疑和不信任"。[①]

近年来，随着传媒格局的变化和新媒介的崛起，中国国际传播主流媒体在突发重大新闻报道的积极性、主动性、客观性和及时性等方面都有了较大改善。例如，与"非典"事件中媒体的集体失语相比，同样是公共卫生事件，在新冠肺炎疫情的新闻报道中，中国主流媒体的表现可圈可点，体现了我国国际话语权和影响力显著提升。然而，中国国际传播主流媒体的公信力建设也非朝夕之功，在未来更加复杂多变的世界里，中国国际传播主流媒体必须更加注重新闻实效，只有以更加灵活的策略和更加多样的渠道进行传播，才能在风起云涌的国际舆论竞争中获得更多的主动权和话语权。中国国际传播主流媒体公信力的建设不仅仅是媒体本身的责任和使命，因为媒体的格局与态度其实也是整个社会传播能力和媒介素养的晴雨表。如果我们整个社会公民的媒介素

---

① 王庚年：《国际传播发展战略》，中国传媒大学出版社，2011，第190页。

养不高，却要求媒体具备很强的传播能力，那么这也是不现实的，所以，中国主流媒体公信力和传播力的提升，其实有待于整个社会公民媒介素养的提升。

二要积极推进本土化传播策略。国际传播是跨文化传播，而突破跨文化传播之政治、经济、文化壁垒的最佳路径，便是实施本土化传播策略。如何实现中国价值国际传播的本土化呢？其主要路径有三：一是大力加强国际传播主流媒体的驻外分社和记者站建设，并明确探索中国价值国际传播本土化路径是其重要职责之一；二是加强与国外主流媒体的联系，推进全方位、多层次的交流与合作，建立起新闻共享、节目交换、人员交流和协同采访的良好机制，以便更准确地掌握国外受众的信息需求和文化背景，提升信息传播的针对性、时效性；三是要切实拓展驻外记者站的职责职能和功能，将其打造成为兼具新闻传播和学术研究双重属性的机构，驻外记者除了进行新闻报道之外，还可扎实开展国外舆情研究，并及时向国内相关决策机构提供有关改进对外传播决策的咨询报告，并在此基础上努力提升自身的传播能力和水平。此外，有条件的驻外记者站还应该承担起国际传播人才培养功能，积极推进实习基地和科研流动站建设，为中国价值国际传播本土化策略的推进培养高素质人才，奠定稳固的理论基础。

三要打造国际传播品牌。高效的中国价值国际传播体系必然是一个多元、多向、多层、多面的有机结构，其内涵必然是丰富多彩的，其外延必然也是宽阔包容的。因此，在中国价值国际传播实践中，不仅要以符合时代潮流的理念、举措和方法开展好国际新闻传播，及时向世界展现"富强、民主、文明、和谐"的国家形象和"自由、平等、公正、法治"的社会状态，还应该积极打造国际传播品牌，以更丰富、更稳健、更优雅的路径将中国价值传播推向系统化和精细化的新高度。

打造中国价值国际传播品牌，首先要拓展关于国际传播的认知视野，从更宽广的视域理解中国价值国际传播的内涵和外延，并在国际传播品牌塑造方面有更开放的胸怀和更广阔的选择。如当我们进入迪士尼乐园的时候，虽然我们未必能意识到，但是我们的确已经进入了一个国际传播场域。这个空间展示的是西方的文化和价值观，遍布世界的迪士尼乐园不仅仅是一个游乐场，也是一个具有较大影响力的国际传播品牌。我们应该从迪士尼乐园获得一些启示，并在国际传播品牌打造方面有所作为。毕竟我们拥有延续数千年的文明和绚烂多姿的文化积淀，我们完全有条件开发一个比迪士尼乐园更有吸引力的"中华文化大观园"。党的十八大以来，我们大力推动国际传播守正创新，理顺内宣外宣体制，打造具有国际影响力的媒体集群，积极推动中华文化走出去，有效开展国际舆论引导和舆论斗争，初步构建起多主体、立体式的大外宣格局，我国国际话语权和影响力显著提升，但面临着新的形势和任务。因此，我们要面向未来，在国际传播品牌建设方面多下功夫、多出成效并逐步形成国际舆论竞争优势，进而提升中国价值传播水平。

四要提升国际传播议程设置能力。"议程设置理论"作为一种假说是由美国传播学者 M. E. 麦库姆斯和 D. L. 肖于 1972 年提出的，其核心要义是"就物理视野和活动范围有限的一般人而论，关于当前大事及其重要性的认识和判断通常来自大众传播。大众传媒不仅是重要的信息源，而且是重要的影响源"。[1] 因此，中国价值国际传播的核心是要在国际传播中进行合理的议程设置，以精心巧妙的议程设置使中国价值吸引世界关注。显然，国际传播领域的议程设置能力不足是阻碍中国价值国际传播能力和水平提升的关键环节，而这一短板的存在也正在引起越来越多人

---

[1] 成振珂：《传播学十二讲》，新世界出版社，2016。

的关注。① 人们纷纷在寻找破局之道，但是前路漫漫，还需要下大气力加强国际传播能力建设。

三　高校传播内容建设

高校不仅是中国价值国内传播的重要场域，也是中国价值国际传播的重要力量。高校在中国价值国际传播领域的优势，主要体现在其无与伦比的开放性和高层次人才的聚集性上，而其在中国价值国际传播领域的潜能主要蕴藏在三个方面。

一是国际学生教育。高等学校是国际学生教育的重要空间。有关数据显示，2018 年，共有来自 196 个国家和地区的 492185 名各类外国留学人员在全国 31 个省（区、市）的 1004 所高等学校学习。② 可见，国际学生在我国高校学生中的占比正在不断提升，而在国际学生中传播中国价值，自然也是中国价值国际传播的重要路径。如何在国际学生中有效开展中国价值传播呢？这是中国价值国际传播的一个新课题，应该引起有关方面的重视。就当前情况来看，这种传播应该更自然地融汇在文化教育实践中，切实做到以文化人。国际学生也是中国价值走向世界的重要窗口，理解和认同中国价值的他们会受到其潜移默化的熏陶。在长期的教育影响下，这些留学生回到自己的国家之后，在其工作和生活中会一定程度上展现出中国价值的韵味。以得体适宜的方式在国际学生中有效传播中国价值是当前留学生教育需要关注的领域，遗憾的是，我们目前的探索是有限的、举措是单一的，部分

---

① 2021 年 3 月 4 日晚，中国人民大学重阳金融研究院与知名期刊《智库理论与实践》围绕"如何解决在海外舆论场中国'挨骂'难题"开展在线研讨会，会议吸引了 30 多万在线观众参与并发布了主题为《论中国智库对外传播的进展、困境与政策建议》的研究报告，盛况空前的会议表明此议题广受关注。
② 《2018 年来华留学统计》，http://www.moe.gov.cn/jyb_xwfb/gzdt_gzdt/s5987/201904/t20190412_377692.html，中华人民共和国教育部网站，最后访问日期：2021 年 8 月 15 日。

国际学生对中国价值依然知之甚少。①

二是国际学术交流。我们生活在一个"经济全球化日益发展，全球分工体系日益呈现嵌套化和网络化，全球的创新链、生产链、供应链和价值链相互交叠形成不可分割的整体生态"② 的世界格局之中。在这样的格局之下，国际学术交流与合作日益活跃，科学无国界，这已经成为科学界的共识。科学无国界，但是科学家有祖国，因此，国际学术合作与交流的过程，事实上也是核心价值观交流和互鉴的过程。

将国际学术合作与交流实践建设成为中国价值传播平台，首先就要将参与其中的专家学者培育成为践行中国价值的楷模，否则将会适得其反。然而在一些情况下，中国学者在国际舆论场上几乎处于集体失语的尴尬状态，广阔的国家学术交流平台远未发挥其在中国价值传播领域的作用。那么，中国广大哲学社会科学工作者的力量为何没有被充分撬动，他们在对外讲述中国故事的事业中为何表现平淡呢？在《调动"百万大军"——论中国智库对外传播的进展、困境与政策建议》中，王文从个人能力、制度激励等方面进行了深度剖析，并就如何解决这些问题提出了对策建议。③ 学者在中国价值传播领域的作用发挥有限，原因自然是复杂的，破局之路固然也是充满困难和挑战的。要在学术交流之中切实树立起坚定的文化自信，并有理有据有节地表达和传播中国价值，参与其中的所有人就应该在学术的维度之外兼顾一个价值的维度，在阐述学术理念的同时彰显中国价值、体现中国风范。

---

① 时玥、张林华、刘怡菲、刘孟婷：《中国价值观视角下国际学生思想教育路径探索》，《青年与社会》2019 年第 21 期。
② 戴长征：《国际学术交流与合作岂能阻断》，《光明日报》2019 年 6 月 4 日，第 11 版。
③ 王文：《调动"百万大军"——论中国智库对外传播的进展、困境与政策建议》，《智库理论与实践》2021 年第 1 期。

三是公共外交。公共外交（Public Diplomacy）是最近几十年来热度不断上升的理论。关于公共外交的概念，国内外不少专家学者都进行过界定：1987年，美国国务院的《国际关系术语词典》站在美国的立场上，把公共关系定义为"由政府发起交流项目，利用电台等信息传播手段，了解、获悉和影响其他国家的舆论，减少其他国家政府和民众对美国产生错误观念，避免引起关系复杂化，提高美国在国外公众中的形象和影响力，进而增加美国国家利益的活动"；日本学者金子将史则扩大了其内涵，认为公共外交是在国际社会增强本国的存在感，为提升本国形象，加深外界对本国的理解，以对象国国民而非政府为对象进行的外交活动；[①] 中国学者赵启正认为，公共外交是政府主导，公众参与，向国外公众传达本国的政策和本国的价值观，影响外国人对本国的印象，提升对本国的好感的对外交往行为。[②]

作为人才培养、科学研究、社会服务和文化传承创新的重要阵地，高等学校既与政府有着千丝万缕的关系，又具备同国际社会开展广泛交流与合作的软硬件条件，具有开展公共外交的良好基础，是公共外交责无旁贷的主体。关于高等学校在公共外交领域的特殊地位，赵启正先生曾做过精彩论述，将高校定位为公共外交的重要平台、公共外交人才的摇篮、公共外交实践智力支持的重要来源，并认为推广公共外交是高等学校义不容辞的社会责任。[③] 显然，高校在公共外交领域的成绩是显著的，但是不可否认的是，高校在提升公共外交的质量和水平方面仍然有很大的空间。新时代的新使命期待着高校凭借公共外交之船，在中国价值

[①] 金子将史、北野充主编：《公共外交："舆论时代"的外交战略》，《公共外交》翻译组译，刘江水审校，外语教学与研究出版社，2010，第5页。

[②] 《赵启正解读公共外交》，http://www.china.com.cn/fangtan/2011-08/26/content_23292175.htm，最后访问日期：2021年8月15日。

[③] 《推广公共外交是高等学校的社会责任》，http://www.cssn.cn/zzx/gjzzx_zzx/201508/t20150831_2143558.shtml，最后访问日期：2021年8月15日。

传播领域驶向更波澜壮阔的深海，做出更为卓越的贡献。

四　企业传播内容建设

那些实力雄厚的外向型企业以及跨国企业，往往具有十分强大的影响力。当它们走出国门，活跃在国际经济大舞台上的时候，就不仅仅是一个企业，更是国家形象的化身。广泛参与国际经济竞争的企业不仅是经济活动的主体，也是中国价值国际传播的主体。因此，必须通过切实有效的引领，让企业充分认识自身在中国价值传播领域的责任和使命，并积极作为和主动发力，汇聚成为中国价值走向世界不可或缺的重要力量。那么如何让企业在中国价值国际传播领域释放活力和展现雄风呢？我们认为，企业在抓好生产经营活动的同时，还应该抓好以下两个方面的工作，让企业形神兼备，所向披靡。

一是要以中国价值引领企业核心价值建设。对于企业而言，发挥中国价值传播主体作用的最佳路径，就是在生产经营活动中坚守和展现中国价值，让公众能够通过企业提供的产品和服务感受到中国价值的独特魅力，并深化对中国价值的理解和认识。因此，企业必须以中国价值为引领，重塑自身的核心价值，并由此形成别具一格的企业文化。事实上，以中国价值为引领，建设核心价值不仅是企业作为中国价值传播主体提升中国价值传播能力的必经之路，也是企业迈向成功的必然选择，因为没有核心价值观的企业根本不可能在风云变幻的国际商业竞争中获得立足之地。

核心价值观与企业经营效益之间的内在关系已经引起了商业理论界的高度关注，并已经得出了较为明确且一致的观点。哈佛大学商学院终身教授约翰·科特在长期跟踪研究之后指出，"那些具有重视所有关键管理要素，重视各级管理人员的领导艺术的公司，其经营业绩远远胜于没有这些核心价值特征的公司"，认为核心价值观对企业长期经营业绩有着重大积极作用。① 时任中国商业文化研究会会长、国际汉威管理学专家王希苏认为，核心价值是企业的 DNA，深刻地影响着企业的发展走向以及成败兴废。②

遗憾的是，我们的跨国企业在核心价值观建设方面尚未予以足够重视，并在企业核心价值观的认知与实践方面存在理解上不够深入透彻、设计上与企业实际结合不够、内容上重复雷同较多、建设上员工参与度不高、执行上难以落细落实等诸多不足，以致很多企业即使拥有字面意义上的核心价值观也仅限于宣传和摆设，难以使其真正成为企业的灵魂，并在商业竞争中发挥实际效用。从跨国企业作为中国价值传播主体的角度来看，一些跨国企业由于自身缺乏坚实有力且与中国价值紧密对接和高度吻合的核心价值观，因此在一定程度上缺乏传播中国价值的主动性和自觉性，这既是当前亟待解决的问题，也说明我们在推进企业中国价值传播内容建设方面还有很大发挥空间。补齐这个短板的路径是十分清晰的，那就是跨国企业必须以中国价值为引领，并站在企业长远发展和核心竞争力提升的高度，扎扎实实抓好核心价值观建设，并切实将企业建设成为中国价值的践行者、传播者，让大众在企业充满文化韵味和价值情怀的生产和服务中，感受、理解和认同中国价值。

二是建立和完善核心价值观的转化机制。核心价值观要真正成为企业之"魂"，必须经过"转化"，而有效的"转化"实践，便是其融汇在企业的生产、经营、服务、推广、管理等各个环节，并成为全体员工共同遵守的价值理念。因此，"转化"的过

---

① 参见王雪莉、张力军《企业文化的四大误区》，《政工研究动态》2003 年第 18 期。
② 万江心、宋欣：《核心价值观是企业的"DNA"》，《现代企业文化》（综合版）2014 年第 7 期。

程才是企业核心价值观建设的关键,而"转化"的质量和效果,也直接决定着企业能否通过核心价值观建设实践凝魂聚气,并获得向更高的境界发展和挺进的核心竞争力。因此,核心价值观建设作为跨国企业中国价值传播内容建设实践的重要内涵,在以中国价值为引领,凝练具有企业特色和贴合企业实际的核心价值观的基础上,需要在建立和完善核心价值观转化机制上多做探索,并以务实有效的新机制,确保企业核心价值观能够转化并融入企业的生产经营实践中。

企业核心价值观的有效转化,必须具备两个条件:其一是要让员工充分认识到核心价值观建设不仅关系企业的前途和命运,也关系全体员工的利益,从而通过核心价值观的纽带作用将企业与员工打造成为一个坚实的命运共同体;其二是对企业核心价值观进行集体化解码,让员工知道如何去践行和守护企业核心价值观。因此,在构建核心价值观转化机制的时候,必须从以上两个维度出发,形成让员工认同核心价值观和践行核心价值观的双向制度保障。

总之,跨国公司作为中国价值国际传播的重要主体之一,以核心价值观建设为切入点,将自身打造成为一个能够有效展现和诠释中国价值的经济主体,并在国际经济竞争中收获赞许、赢得信任,便是其传播内容建设的最佳路径和目标。然而,路漫漫其修远兮,跨国企业要真正担当起中国价值传播之使命,还有很多困难需要克服,还要在一定程度上进行观念、理念和价值领域的革新。

五 个人传播内容建设

根据全国边检机关数据,2019年我国出入境人员高达6.7亿人次,同比增长3.8%,其中大陆居民出入境3.5亿人次,香港、澳门和台湾地区居民来往大陆分别为1.6亿、5358.7万、1227.8

万人次，外国人入出境9767.5万人次。① 这组数据充分表明，在全球化浪潮势不可挡的当下，个人将有越来越多的机会加入中国价值国际传播的实践。那么，已经或者即将步入中国价值传播国际场域的个人如何才能成为一名合格的中国价值践行者与传播者，并在参与国际传播的过程中让国际受众感受到中国价值并逐步增加理解和认同呢？这是迈向新征程的中华儿女迫切需要解决的问题，只有真正解决好这一问题，我们才能真正担当起中国价值国际传播者的责任和使命，为讲好中国故事，传播好中国声音，展示真实、立体、全面的中国贡献力量。针对个体中国价值国际传播内容建设举措，我们要注重培养以下几个方面的能力。

一要不断完善自身价值观。每个心智成熟的人，内心深处都拥有一个强烈地影响着外在行为的观念，我们称之为价值观。关于价值观，我们还可以进行更系统更直观的诠释，即我们有什么样的决定就会有什么样的行动；有什么样的行动，就会有什么样的结果，就会影响甚至决定我们的人生。也就是说，我们所做的决定造就我们的生活和塑造我们的人生。而主宰我们做出决定的关键因素就是个人的价值观。可见，拥有怎样的价值观对于一个人的未来和发展具有极其重要的作用，正确的价值观往往能引领我们做出正确的决定，并成就璀璨人生；错误的价值观则会将我们带上歧路。同样，对于个体而言，要能成为中国价值国际传播主体，肩负起时代赋予的使命和任务，必须首先拥有与中国价值相吻合的价值观，成为中国价值的践行者、展现者和传播者。作为中国价值传播主体，我们首先要切实以中国价值为引领，对我们自身的价值观进行不断完善，让我们自身的价值观成为中国价值的完美注释，并在国际交往中优雅、得体地展现中国价值的独

---

① 《2019年全国出入境6.7亿人次》，http://www.gov.cn/shuju/2020-01/06/content_5466711.htm，最后访问日期：2021年9月2日。

特魅力。

二要增强运用自媒体传播中国价值的能力。在万物互联的新媒体时代，人人都可以成为信息的发布者，而且个人发布的信息即刻便能汇入全球信息链，并在世界各地落地开花。因此，互联网时代的个人应该充分认识到自己作为世界信息体系中的节点和接口的作用，自信拥抱这时代赋予的使命和契机，通过努力学习和认真思考，切实提升自媒体运用的能力和水平，让自媒体发布的信息都有思想、有深度、有情怀。这样，即使是"节点和接口"比较微小但众多也都能放射出光芒，成为信息之海中的美丽浪花。具体来说，我们要充分认识到自己的责任与义务，将我们在日常生活中遇到的那些能够展示和体现中国价值的美好瞬间记录下来，传播出去，让一朵朵中国价值的美丽花朵汇聚成为美丽的花海，构成人类文明中的一道美丽风景。

三要积极主动引导舆论。舆论场是一个"观点的自由市场"，各种观点会在这里汇集和碰撞，其中难免会出现不符合中国价值的声音。面对这些声音，作为中国价值的传播者，我们不能视而不见，而是要积极发挥舆论引导的作用，并在引导舆论的同时更生动、更优雅地传播中国价值。引导舆论注定是一个观点交流和交锋的过程，而要在这种交流与交锋中立于不败之地，就必须扎实提升舆论引导的能力，而这种能力的养成并非一日之功，需要我们常怀中国价值传播的责任之心，做好日常积累。这种积累必然是多方面的和长期性的，其中的关键和核心是要对中国价值形成全方位、多角度的认知和理解，以便能够灵活而不失时机地表达中国价值并引领舆论。相对于宏观的中国价值传播，在泥沙俱下的舆论场中与错误舆论做斗争需要更广博的知识、更深刻的思想，以及更多的勇气和智慧。因此，我们要以高度的责任感和使命感在这一领域进行更深入的耕耘，从而获得更丰硕的果实。

四要在国际交往中展现中国价值。随着世界之门的不断敞开，我们有越来越多的机会参与国际事务。出国旅游是国际事务，与外国友人交流交往也是国际事务，而一旦进入国际交往场域，我们的行为举止也就成为代表中国的符号，别人也就会将我们个人的价值立场等同于中国价值。因此，我们必须在国际交往中展现中国价值，把"爱国、敬业、诚信、友善"的公民形象展现给世界，而不是把不好的形象留给世界。事实上，作为中国价值国际传播的主体，步入国际交往场域的中华儿女需要避免的一个误区便是过于直接地传播中国价值。这不仅难以取得良好效果，而且容易引起别人反感。

论及个人作为中国价值传播主体参与国际传播行为这一现象时尤其要注意自身的形象。二战之后的美国经济强盛、文化繁荣、国力强大，于是，部分美国人仗着身后强大的祖国在到国外旅行时，表现得盛气凌人、傲慢无礼，给世界留下了"丑陋"的印象。对此，我们要引以为戒，做到在国际交往中更加注重传承和发展中华民族的优良传统，做到既谦虚优雅又不卑不亢。

总之，个人作为中国价值国际传播的主体，在日新月异的自媒体技术推动下，发挥作用的空间和舞台将更加广阔。在当下的舞台上也已经绽放出许多美丽花朵，李子柒便是其中之一，她的很多作品没有翻译却依然火遍全球。没有一个字夸中国好，但她讲好了中国文化，讲好了中国故事。我们期盼着能够有更多的"李子柒"以更新颖、更别致、更鲜明的方式，将博大精深的中国价值和中国精神推广到更广袤的世界各地，让中国价值在全世界得到更完整和更精准的表达，并获得更多的理解和认同。我们也期待着，世界能够通过中国价值之窗，发现一个更加可亲、可信、可爱、可敬的中国。

第三节　作为中国价值传播载体的电影

作为一种老少皆宜的大众休闲方式，电影在无形中传递着创作者倡导的生活方式和价值观念，是中国价值国内、国际传播的重要载体。近几年来，电影在中国价值传播中的作用也越来越明显，涌现了一些具有代表性的优质影片，但是，与好莱坞电影对美国价值的传播相比，中国电影在价值传播领域可以作为的空间依然十分广阔。因此，有必要将电影作为中国价值传播的重要渠道加以建设，从而为中国价值传播插上文化和艺术的翅膀，使之飞向世界各地，飞进大众的心田。

一　价值传播的好莱坞之镜

美国价值是一个十分丰富的价值体系。2009 年 1 月 20 日，奥巴马在其就职演说中曾经重申并概括了美国价值观。他指出："我们面临的挑战也许是新的，我们应对挑战的措施也许是新的，但那些长期以来指导我们成功的价值观——勤奋、诚实、勇气、公平竞争、包容以及对世界保持好奇心，还有对国家的忠诚和爱国主义——却是历久弥新、经得起考验的，他们是创造美国历史的无声力量：我们现在需要的就是回归这些古老的价值观。"[1] 美国价值观之所以能够跨越历史时空，深深地影响着美国和世界，是因为其构建了一整套具有强大传播力的价值传播体系。好莱坞电影正是其中一个十分重要的传播载体。好莱坞电影是如何被打造成为美国价值传播重要载体的呢？我们可以从电影生产商与美

---

[1] Barack Obama. 2010. "Inaugural Address-January 20, 2009." In *Public Papers of the Presidents-Barack Obama* 2009-*Book I.* Washington D. C.：United States Government Printing Office，3.

国政府共谋与双赢的互动中去寻找答案。

美国没有国家电影局,但这并不意味着好莱坞电影可以不受政府政策和政治环境的规制而享有绝对自由。"事实上,美国政府与好莱坞之间一直保持着'一种动人的关系'。在与政府和政治的共谋中,双方互助共赢:好莱坞可获得华盛顿的各方面支持,而美国政府则可获得好莱坞影像的免费宣传,包括国内外政策、政治主张和政府国家军队正面形象的塑造等。"①早在第一次世界大战时,好莱坞就与白宫展开了合作,而这种合作的基础,就是电影在美国价值传播中的独特优势已经充分展示出来。

第一次世界大战中,趁欧洲大量电影制片厂倒闭和大量影视人才前往美国避难的时机,好莱坞进军欧洲市场,并迅速发展成为一股不可小觑的政治力量,引起了政界的注意。美国时任总统威尔逊在一次演讲中说道:"电影的层次已经达到传播大众思想的最高境界……由于电影使用的是世界语言,更有助于它表达美国的计划和目标。"② 此后,好莱坞与美国政府开始了深度结盟,成为美国政府的战时宣传队。在此后的第二次世界大战中,好莱坞被美国总统罗斯福定位为"主要为战争服务的产业",白宫还专门成立了与电影界沟通联络的机构,并订购 10 部电影来教育国民,动员大家服务战争。二战结束后,白宫和好莱坞的结盟不仅没有解除,反而更加紧密了,电影成为反映美国社会重大问题的重要渠道,越战、民权运动、女性解放和摇滚乐、美伊战争、恐怖主义等美国政府难以有效解读的问题均化为好莱坞大片,在光与影的交织中,问题在一定程度上得到大众化解读,或是被消解。好莱坞电影之所以如此神通广大,正是因为其在与政府的

---

① 苏兴莎:《影像的力量:20 世纪以来好莱坞电影与美国价值观的塑造和传播》,硕士学位论文,吉林大学,2016。

② 佛雷泽:《软实力:美国电影、流行乐、电视和快餐的全球统治》,刘满贵等译,新华出版社,2007。

"共谋"和"互动"中得到了政府不遗余力的支持,而政府对好莱坞电影的支持大致可以归纳为三个方面。

一是提供完备的政策法规保障。作为美国文化产业的重要组成部分,好莱坞电影的国内繁荣和海外发展都离不开美国政府各种法律、法规、政策的保护和推动。难以想象,没有政府庇护,好莱坞电影能够一帆风顺?特别是在海外市场拓展方面,没有美国政府的支持,好莱坞的业绩也会大大下滑。所有国家都知道,好莱坞大片既是电影艺术产品,也是美国价值传播的载体。对此,每个国家都有一千个理由将好莱坞大片拒之门外,以此保护自己国家的文化。但是,在美国政府的保护和支持下,迫于各方面的压力和考虑,几乎没有一个国家明确拒绝好莱坞大片,而这其中政治的考量显然大于文化需求。

二是优质的电影素材供给。好莱坞电影之所以能够吸引大众眼球,重要的原因之一是其故事题材十分新颖,而这些素材很多都来自白宫、联邦调查局和美国中央情报局。事实上,美国很多政府部门都乐于向好莱坞提供故事题材,这些素材经过艺术化的提炼之后,一方面为好莱坞电影注入了十分强大的生命力,另一方面以受人欢迎的形式塑造和展现了美国的"拯救者"形象,于无声处实现"双赢"。

三是充分的拍摄力量支持。除了新颖别致的故事题材之外,好莱坞电影引人入胜的还有恢宏壮观的故事场面,而这些场面的拍摄效果的实现,除了是电影生产商精益求精的艺术追求之外,还离不开相关政府部门的全力以赴的支持与协助。例如,为了拍摄电影《一个国家的诞生》,西点军校派出工程师到片场给予技术指导;拍摄电影《阿美利加》时,美国陆军出动1000多人的骑兵和一个军乐队给予协助;拍摄《黑鹰坠落》《壮志凌云》《拯救大兵瑞恩》《珍珠港》《猎杀本·拉登》等电影时,美国军方也鼎力相助,为影片"调兵遣将"。

美国政府各部门，特别是军方的大力支持，让好莱坞大片总能"震撼"观众的心灵，为其走向世界奠定了坚实的基础。此外，我们还可以从电影类型入手探析"好莱坞"与"华盛顿"构建"完美关系"的基本逻辑。

一是战争题材视角。作为具有高度综合性的艺术媒介，电影非常适合表现战争题材。好莱坞对硝烟弥漫的战场也情有独钟，并拍摄了大量经典作品。战争题材电影中恢宏壮观的场面、催人泪下的爱恨情仇、跌宕起伏的故事情节以及家国历史情怀，具有十分强大的传播力和感染力，也十分容易与国家精神、英雄主义、人类情怀等价值观相衔接。因此，这类电影题材无疑是实现价值传播的最佳载体。战争题材的好莱坞大片，几乎毫无例外都表达着一个主题：对人性的关怀、对个人价值的肯定、对国家的忠诚、对职业的敬重、对战争的批判与反思、对和平的珍重与渴望、对个人英雄主义的歌颂以及对美国军人强悍作风的展示，而这些主题都是对美国价值观的艺术化再现和影视化解码。在好莱坞大片中，多数战争题材的电影都十分成功，它们总是引导着观众从价值观的角度来洞悉人性和正视战争，在收获高票房的同时，也能让观众了解和认同美国的价值观，实现社会效益与经济效益双丰收。

二是传记题材视角。作为历史人物与现代电影艺术完美结合的产物，传记片在真实与虚构之间游刃有余，将人性的审美意蕴与文学性阐释融会贯通，成为电影类型中的一个史学价值和文学价值并重的存在。很多优秀的传记片以对人性的深度关注触动观众心灵，创造了不少银幕神话。好莱坞经典大片中自然也少不了传记类电影，《林肯》《居里夫人》《愤怒的公牛》《美丽心灵》《凯恩公民》《辛德勒名单》《巴顿将军》等都是其中的代表作。传记类电影是如何将动人的故事与价值观进行完美嫁接的呢？事实上，风靡一时的美国传记片都有一个共同特点，那就是他们的主人公都是践行美国价值的典范，而电影本身通过生动的故事描写和细腻的人物刻画，将这一典型人物塑造得更加完美、更加丰满、更加圆润。因此，对于传记类电影而言，主人公的选择本身就体现了非常明确的价值导向，同时又体现了国家意志，而这也许就是巴顿将军、林肯、居里夫人等能够走上银幕的重要原因。

三是生活题材视角。好莱坞电影关注历史但更贴近现实，其中很多观照现实的经典作品，以新颖别致的形式反映了美国社会各阶层的心声。与战争类和传记类影片相比，生活类影片以其特有的"人间烟火味"受到普罗大众的青睐。观众通过这些电影感悟人生，获得独特的观影体验。当今世界，和平与发展已成为时代主题，人们对生活类影片的喜爱已经愈加鲜明地体现了出来。《阿甘正传》的银幕神话，正是传递出这种倾向的讯息。那么，生活类影片如何承担起价值观塑造和传播的使命呢？这其实是一个不成为问题的问题，因为价值观无处不在，涵养和体现在生活中。好莱坞大片中的生活类题材电影正是将美国价值通过艺术加工，将其更自然柔和地融化在平淡生活里，融化在小人物的喜怒哀乐和言行举止中。于是，在波澜不惊的平淡生活里，一个个鲜活的角色多方位诠释了努力奋斗、追求财富、机会均等、公平正义的美国价值，而观众又能从充满烟火气和人情味的观影体验中深化对生活的认知，获得前行的力量和奋斗的勇气。

四是动画类影片视角。动画具有一种神奇的功能，能够在带给观众娱乐和视觉享受的同时，较为含蓄婉转地传达道德观念和文化内涵，并将民族的文化精神和核心价值潜移默化地播撒在观众的心灵深处。好莱坞很好地运用了动画的价值承载与传播功能，并产出了大量经典之作，而这些引人入胜的动画电影在浸润孩子单纯心灵的同时，也在成人世界产生了深刻影响，为美国价值的世界传播立下了汗马功劳。作为一个新生国家，美国没有悠久的历史和深厚的传统，其文化的形成和价值的塑造主要依靠接纳世界各地的文化，并对其进行再融合与再塑造。好莱坞动画片在素材选择方面也体现了美国文化的多元特征，跳出美国、放眼世界，广泛从其他民族的文化中汲取创造灵感，为其他民族的文化符号赋予美国价值，并以动画电影的方式呈现。好莱坞动画电影从其他民族文化中获取灵感的案例十分常见：《小美人鱼》由安徒生童话改编而来，《白雪公主与七个小矮人》取材于格林童话，《忍者神龟》从日本武士道精神中获取灵感，《花木兰》在抽出以"自我牺牲"和"忠孝"为内涵的中国文化后注入"自我实现"和"爱即一切"的美国价值后风靡世界……故事题材之外，好莱坞动画电影在形象设计上高度宣扬善良、正义、勇敢的价值观，并在故事情节上积极迎合儿童的审美情趣，设计大团圆的美好结局。这些动画电影在美好轻松的氛围中，传达着友爱、善良、信任等情感，在传播美国的价值观念与文化理念的同时，最大限度地引发世界观众的共鸣。

五是科幻类影片视角。科幻类电影是好莱坞影片中的精华，其以对电影特技的娴熟运用和天马行空的故事构想而在世界范围内享有盛誉。《星球大战》《星际穿越》《变形金刚》《火星救援》《美国队长》……好莱坞科幻片中的经典之作不胜枚举，它们通过对技术、特效的运用，完美演绎了人类对宇宙、外星生命及其所蕴含的无限可能的充分想象。科幻电影同样具有承载和传播美国价值的神奇力量，其中的经典之作通过生动刻画邪恶与正义的对峙与冲突，激发人类去思考自己的前途和命运，以及在苍茫的宇宙深处人类可能会遭遇的种种挑战、危险和不确定。作为科幻电影生产者，好莱坞有充分的空间和理由将华盛顿作为主角摆放进去，让美国精神在跌宕起伏的故事情节中发挥"定海神针"的作用，让世界观众在虚幻的故事中产生美国就是拯救人类和创造未来的力量的认识，美国价值传播也在一次次"救世主"形象的艺术塑造中得以实现。

总之，以电影为媒，好莱坞和华盛顿之间建立了一种亲密无间的合作关系，政府的支持让电影生产如鱼得水，电影的发展让美国价值得以塑造和传播。这种关系像一面光洁的镜子，映照出核心价值观传播的一些基本规律，也照映出电影在价值传播实践中无与伦比的优势和特色。毫无疑问，好莱坞和华盛顿之间的合作模式对于中国价值的传播是具有启示意义的，它启迪我们去思考，如何在社会主义核心价值观传播中适时有效地发挥大众媒介的作用，而除了电影之外，我们可以依托的媒介还有很多，它们能否很好地发挥作用，取决于能否建立媒介与政府之间的"亲密关系"，而"亲密"的本质便是找到两者之间利益诉求的平衡点。

二　价值塑造和传播视域中的中国电影

无可否认，与好莱坞大片相比，中国电影的确还比较稚嫩，特别是在中国价值的塑造和传播方面，很多电影还存在艺术性不够和表现手法单一等诸多问题，仍有较大的提升空间。但是，中国有自己的文化和制度优势，完全有可能、有条件在推动电影艺术发展以及运用电影媒介承载和传播中国价值方面走出具有中国特色和中国魅力的独特道路。中国电影的未来之路在哪里？我们应该如何让中国电影与中国价值传播形成彼此建构、相互依托、共同发展的良性互动格局呢？为此，我们需要从以下几个角度透视和认知中国电影。

（一）中国电影发展现状

中国电影起步较早，在西方电影发明之后的第二年，西洋影戏便在上海上映了。[①] 此后，在1905年，中国最早的电影《定军山》拍摄成功，民族电影也开始起步。但是，电影毕竟是在繁荣

---

① 1895年，电影在西方发明，1896年8月，西洋影戏在上海的徐园上映，因此，1896年也被认为是中国电影的起点。

稳定的社会政治经济文化沃土上盛开的艺术之花，而半殖民地半封建的近代中国自然难以滋养电影艺术茁壮成长，因此，中国电影的发展速度又必然是缓慢的。中华人民共和国成立以后，中国电影也迎来了快速发展的新时代，前期艰难发展起来的民族电影企业经过社会主义改造，调整为了长春电影制片厂、上海电影制片厂、北京电影制片厂、八一电影制片厂等，上海、北京也先后成立了电影学校，为新中国电影产业发展奠定了一定的基础。新中国的天空下，电影艺术也绽放出美丽动人的花朵，《桥》《白毛女》《钢铁战士》《上饶集中营》《新儿女英雄传》《翠岗红旗》《我这一辈子》《腐蚀》《百万雄师过大江》《红旗漫卷西风》等影片便是这一时代的经典力作。遗憾的是，好风尚未吹拂太久，极左思潮便渐渐掀起，电影创造的积极性受到极大挫伤，优秀电影艺术孕育诞生的环境也大受破坏，中国电影艺术在经历了短暂繁荣之后过早进入了漫漫寒冬。改革开放之后，古老中国越来越深地融入世界政治经济文化体系之中，电影也从冬天的寒雪中复苏，并开始了追赶世界的步伐，逐步取得了令人欣喜的艺术成就。虽然发展迅速，但是与好莱坞大片相比，中国电影的质量和水平都是有限的。可喜的是，近年来，中国电影呈现了强劲的发展态势，电影票房呈现了前所未有的繁荣景象，出现了《战狼2》《哪吒之魔童降世》《流浪地球》《你好，李焕英》等社会效益和经济效益双赢的国产大片。这些大片的出现，标志着中国电影发展进入了新阶段，具有里程碑意义。在此基础之上，中国电影的使命便是在承载着中国价值走向世界方面进行更深入的探索和实践。

（二）中国电影基本类型

中国电影根植于中国文化，生长于中国政治经济文化社会土壤，也必然担当塑造和传播中国核心价值的责任和使命。那么，中国电影如何做到既不过度又不缺席，更好地塑造和传播中国价值、更好地建构"电影里的中国故事"、更好地成为中国文化传播使者呢？当下，这些问题还有待探索。从每年生产的电影数量来看，毫无疑问，中国已经是电影生产大国。从电影类型来看，中国电影大致可以分为以下几个类型。

一是战争题材。国产电影中的战争题材大多取材于抗日战争，《地道战》《红河谷》《集结号》《捍卫者》《喋血孤城》《明月几时有》《黄石的孩子》《沂蒙六姐妹》《战火中的芭蕾》《围剿》《我的上高》《南京！南京！》《八佰》等都是其中的精品。这些战争题材影片再现了中华民族历史上最深重的灾难，在塑造和展现中华儿女不畏强敌、坚忍不拔的斗争精神的同时，也启迪当代中华儿女不忘历史的苦难与耻辱，认识到来之不易的繁荣和发展是先辈们的鲜血和生命浇灌的，自觉担当起守护和平与创造未来的光荣使命。遗憾的是，囿于我国电影艺术发展仍然存在各种各样的局限，这些影片无论是在情节构思还是在拍摄技术方面都存在艺术水准不够高的问题，因此难以在国际和国内两个市场上收获很好的票房和不错的口碑。有的电影虽然在国内市场十分火爆，但一旦走向国际市场，竞争力疲软的问题便显现出来了，中国价值国际传播载体的功能也因此受到影响。因此，作为中国价值塑造和传播的重要载体之一，中国电影的题材尚有较大拓展空间，而在战争题材电影的创作和拍摄方面，我们还应该多学习。

二是功夫片。"功夫"是中国电影的题材之一，围绕这一题材出了不少精品力作，《英雄》《龙争虎斗》《精武英雄》《卧虎藏龙》《叶问3》《箭士柳白猿》《三少爷的剑》《绣春刀》等都是其中的优秀代表。关于"功夫"，研究者们从不同的视角做出了界定，而学者舒献忠偏重其文化属性，将中国功夫界定为"从中国传统文化中剥离与凸显出来的民族文化形式，根植于中国特有的历史传统和文化心理土壤，它除了具备一般的文化特点之外，还具有自己独特的内涵与民族文化特征"。① 舒献忠定义中的"独特的内涵与民族文化特征"正是"功夫"广受电影艺术家青睐的文化原因，也正是这种"独特的内涵与民族文化特征"的存在，让"功夫"成为中国文化的标志性符号。"功夫"是一个极具包容性的中国文化概念，也正是这种包容性，为电影艺术留下了充分的创造空间，以功夫电影为载体，儒家文化、道家思想、辩证思维、侠义精神等中华传统文化得以生动展现，而透过"功夫"演绎的深厚文化，又能够洞见中华民族建构"富强、民主、文明、和谐"国家和"自由、平等、公正、法治"社会，并与全人类合作共赢建设美好家园的价值理想。毫无疑问，功夫片在塑造和传播中国价值方面具有十分独特的优势，并已在发展过程中闪耀光芒，而面对悠远漫长的中国价值塑造与传播之路，中国功夫还有更广阔的作为空间。要更好开发功夫片塑造和传播中国价值的富矿，需要电影艺术家们以更坚定的文化自信研究、体会和感悟中国价值，并以更具艺术感染力的手法对中国价值进行电影艺术编码，产出更多高水平、高质量的功夫片，在广泛占领国际票房的同时，更好地传播和表达中国价值。

三是生活片。在国产电影中，有大量优秀的生活片，这些影片有展示勤劳、友善、质朴的中国普通民众形象的，也有展现积极、健康、向上的时代风采的。它们通过对人物形象的细致描写和对故事情节的精细加工，触及民众心灵的柔软之处，并获得广泛共鸣。现实生活才是人间常态，家长里短便是中国价值最鲜活的载体，因此，以普通人的生活为素材的生活类影片也是塑造和

---

① 舒献忠：《文化同源：中国武术与中国书法比较研究》，硕士学位论文，苏州大学，2009。

传播中国价值的重要载体。与战争题材和功夫片相比，生活类影片更贴近现实、更靠近当下，是中国价值影视化解码的另一个维度和另一种形式，因而，也更能够走进大众的心田，同样具有塑造和传播中国价值的独特优势。

四是英雄主义影片。英雄可以在战火硝烟中炼成，也能够诞生于和平时代。出于对英雄主义的讴歌以及对英雄人物的崇敬，电影艺术家们总是热衷于将生产生活中涌现的英雄事迹作为原型进行电影创造，并形成新的电影类型——英雄主义影片。英雄主义影片来源于生活又高于生活，立足于现实又超越现实，主要关注那些"为了岁月静好而负重前行"的平凡生命，产生了许多催人泪下的经典之作，如《攀登者》《烈火英雄》《中国机长》《我和我的祖国》《逆行者》等。致力于刻画和平时期英雄人物群像的影片，将新时代中国价值以艺术化的手法融汇在催人泪下的故事情节中，让观众在观影的同时受到正能量的陶冶，并更加自觉主动地投身建设"富强、民主、文明、和谐"国家和"自由、平等、公正、法治"社会的实践中，为中华民族的伟大复兴贡献力量。英雄主义的渲染和讴歌是中国电影的传统，而此类题材电影的日渐成熟和不俗的票房表明，电影完全可以在经济效益和社会效益两个维度同步取得进展。当然，相对于更成熟、更先进的电影文化，我们在英雄主义的弘扬和讴歌方面还有许多值得学习和借鉴的地方，还有很长的道路需要探索，而最艰难的旅程在于如何让我们的英雄故事能够走向更远的远方，能够在中国价值的国际传播领域展现出更强大的力量。

五是宫廷剧。宫廷剧是中国深厚悠远的历史文化留给电影艺术的特殊资源，也正是得益于深厚的历史文化，中国电影才既可以向历史深处溯源，采撷各个朝代的大量素材丰富电影艺术，又能向未来深处探索，产出高质量的科幻片。宫廷剧以宫廷人物跌宕起伏的命运和宫廷生活的尔虞我诈为表现对象，是最近几年来变得火热的一个影视类型，极具吸引力。但是，从价值观塑造与传播的视角分析，宫廷剧却明显存在不足以担负重任的情况，其历史观的问题也一度广受诟病。那么，我们应该如何看待宫廷剧呢？首先，我们应该从国内的宫廷剧热潮中看到其作为电影素材的可贵之处；其次，我们也应该在宫廷剧的创作和拍摄方面多下功夫，在确保正确的历史观及有利于塑造和传播中国价值的基础上不断提升其艺术品位。显然，如果能够在正确的历史观、塑造和传播中国价值以及艺术品位三者之间找到平衡点的话，则宫廷剧应该能够成为独具特色和优势的影视类型，能够为中国价值的国内和国际传播做出独特的贡献。

六是科幻片。作为科学理念、艺术想象和光影技术有机结合的影视形态，科幻片自诞生以来就始终以其独特的魅力吸引着大量观众，并且拥有一批忠实的科幻迷。同时，许多优秀的电影工作者也不断投身其中，创造出层出不穷的科幻电影。我国电影艺术工作者从20世纪30年代就开始尝试科幻电影创作，但是囿于科学技术整体水平、电影从业人员的科学素养、科幻故事创作水平、特效制作技术以及特殊的政治时空语境等多重因素，国产科幻电影一直没有得到很好的"孕育"。[①] 与我国科幻片"先天不足"相比，好莱坞却在科幻片领域取得了巨大的成功，并伴随着科学技术的突飞猛进掀起一次次新浪潮，产出了《蝙蝠侠与罗宾》《不明之物》《火星入侵之日》《人猿星球》《2001太空漫游》《星球大战》《银翼杀手》《E.T.外星人》《侏罗纪公园》《独立日》《黑衣人》《第五元素》《阿凡达》等经典巨制。[②] 与其他电影类型一样，好莱坞科幻片之所以能够振翅高翔，正是得

---

① 张翔宇、吴航行：《中国科幻电影的现状及其思考》，《电影评介》2011年7月8日。
② 按照好莱坞科幻电影的不同发展阶段选取具有代表性的作品。

益于"票房牵引和政府支持"的双翼托举,而政府愿意为好莱坞制作科幻大片给予支持,同样是因为看中其强大的美国价值塑造和传播功能。

虽然发展缓慢且步履蹒跚,但艺术发挥空间仍然广阔无垠,中国电影一直没有放弃在科幻片领域的探索、实践和积累,并产出了《机器侠》《李献计历险记》《未来警察》《冒险王卫斯理之蓝血人》等具有较高水准的影片。随着国家科技能力和水平的提升,加之不断的探索积累,国产科幻片也逐渐迎来了久违的春天,而2015年的中国科幻电影大片井喷正是春天到来的讯息:这一年,全国有10多部科幻片在筹拍;这一年,科幻文学界大家刘慈欣的作品被各大影视公司争抢;这一年,王晋康、韩松、何夕等科幻作家的作品变成了抢手货;这一年,张艺谋、宁浩等著名导演开始将目标聚集在科幻题材上;这一年,电影业内人士不无喜悦地将2015年命名为"国产科幻片的元年"。然而,"2015年的春天"并没有绽放出美丽的花朵,当年宣布投拍的《三体》至今没有公演,宁浩的《乡村教师》也尚未与公众见面。但是,"2015年的春天"带给国产科幻电影的影响是深刻的,因为更多的种子已经在这个季节播下,我们谁也不能否定几年后红得发紫的《流浪地球》是"2015科幻之春"绽放出的绚丽花朵,我们也期待着公映后的《三体》和《乡村教师》等能够承载着中国价值再次惊艳世界影坛,为中国科幻电影争得一席之地。

七是动画片。国产动画片曾有过昙花一现的美好。从20世纪60年代开始一直到80年代,这一时期,国产动画片在制作水平上领先于日本和美国,是国产动画片的"白银时代"。[①] 遗憾的是,从20世纪90年代开始,由于观念守旧等多种因素,国产动画逐步衰落,市场大量被美国和日本蚕食。"动漫阵地"沦陷失

---

① 参看程世波《关于国产动画片的几点思考》,《当代文坛》2006年第3期。

去的不仅仅是票房和市场，更重要的是我们的少年儿童将会在外来动画形象和价值观的熏陶下成长，且其会对中国价值的塑造和传播造成损害。庆幸的是，随着经济社会文化的发展，政府和业界都越来越充分地认识到动画影视的市场前景、其对少年儿童心灵成长的重大影响以及在塑造和传播中国价值方面的特殊功能，并通过投入人力、物力，提供政策支持等，共同推动中国动画发展。令人欣喜的是，经过多年的努力和积累，中国动画出现了较为强劲的复苏态势，产出了一些高品质的作品：环球数码制作了中国第一部三维动画电影《魔比斯环》；中国国画风格的《桃花源记》动画短片获得多个国际奖项；北京青青树动漫科技有限公司原创的《魁拔之十万火急》制作完成并大获成功；首部灾难动画电影《今天 明天》借助中国特色的熊猫元素为孩子们普及防震知识；环球数码又推出了《潜艇总动员》，获得较高票房；《哪吒之魔童降世》票房达 40 多亿元，超过《流浪地球》，位列中国影史票房第二位①。这些动画作品在获得良好经济效益的同时，也较好地塑造和传播了中国价值，彰显了中国文化，对于中国文化自信的培育和国家文化软实力的提升具有十分重要的作用。

总之，作为中国价值传播的重要载体，电影人做出的努力和取得的成绩有目共睹。但是，由于受技术、资金、人力资源等因素的影响和牵制，与好莱坞大片相比，国产电影无论是在票房收入还是在中国价值塑造和传播的力度和效度方面都还有较大差距，尚有很大的努力和发展空间。我们期待着在未来的中国，电影能够以更优雅的姿态承载着中国价值飞向世界各地，成为广受世界人民欢迎的文化产品。

---

① 《刚刚，〈哪吒〉票房超〈流浪地球〉，位列中国影史票房第二！》，https://www.sohu.com/a/337789522_162522，最后访问日期：2021 年 9 月 2 日。

三 《流浪地球》：电影塑造和传播中国价值的新标杆

2019年2月5日，科幻电影《流浪地球》全国首映，引发观影热潮，广受观众青睐，被评论界称为"中国电影由高原向高峰迈进的一次成功的艺术实践，充分体现出中国电影的文化自信"。[①] 是什么力量成就了《流浪地球》"从高原迈向高峰"，并成为中国电影发展史上的新里程碑呢？除了新颖的题材、精妙的构思、炫酷的特效和参演人员精湛的演技之外，更关键的是它巧妙而自然地彰显了中国价值，并因此拥有了"漂亮的灵魂"和"飞腾的力量"。《流浪地球》是如何将电影艺术与塑造和传播中国价值的使命有机融合并达到新的艺术高度的呢？系统研究其孕育和诞生的历程，我们可以洞见其成功的"密码"。

一是中国元素的合理运用。《流浪地球》对中国元素的巧妙运用首先体现在故事题材上，而这也是其最为出彩的地方。太阳正在急速老化、持续膨胀，100年后太阳会膨胀到吞没整个地球；3000年后，太阳系将不复存在。面对这场灭顶之灾，人类表现出前所未有的团结。为了让更多的人活下来，联合政府决定将整个地球推离太阳系，飞向4.2光年外的新家园。这样的剧情使"带着地球去流浪"的故事情节丝丝入扣，扎根于中华民族传统美德和民族精神的沃土，让国内观众在观影的时候能体会到一种亲切感，从中我们既可以体会到愚公移山"子子孙孙无穷匮也"的坚韧，也能够体会到精卫填海"别说是一百万年，哪怕是一千万年，一万万年，我也一定要把你填平"的自强不息的精神。除了富有浓厚中华文化气息的情节构思之外，《流浪地球》还有很多地方扎根于中国国情和中国文化，如酷似"长征5号"的运载火

[①] 《流浪地球：传颂家国情怀 弘扬中国价值观》，《人民日报》2019年2月21日。

箭、拥有鲜明"中国血统"的突击步枪、运输车内响起的北京交警安全提示音、被冰封的北京和上海末世场景、"领航员"空间站等,让观众深刻地感受到,这是一部中国影片,是一部中国科幻片。

二是中国电影人韧劲的充分展现。毫无疑问,《流浪地球》是中国科幻电影的奇迹,而创造奇迹的是中国电影人自强不息和不畏艰难的创业精神。导演郭帆在接受采访时坦言,拍摄《流浪地球》遇到的最大困难就是信任,因为在科幻电影基础十分薄弱、电影工业化程度不高的中国,要拍摄一部科幻大片,很多人心里都是没底的。①因为"没底"所以各种资源的筹措就较为艰难,拍摄工作又因为资源的短缺而有了额外的困难。但是,面对质疑和困难,中国电影人迎难而上,在"没钱、没人、没经验"的困境中艰难求索,并凭借精神的力量不断汇集资源和壮大力量,最终形成了 7000 人之众的拍摄团队,铸造了中国科幻电影的新高峰。从小说到电影,《流浪地球》经历了三次"蜕变",而每次"蜕变"对于"没钱、没人、没经验"的中国科幻电影制作团队而言都是一次"炼狱"。②

第一次"蜕变"当然是剧本创作。为了能够让小说《流浪地球》成功改编为剧本,导演郭帆和编剧们夜以继日地工作,通过两年时间的反复打磨,前前后后写了上百万字的剧本,并对场景构思、特效运用等内容做了系统规划,将小说中硬科幻的元素和"带着地球去流浪"的悲壮旅程转化成了一个个精彩画面以唤起观众的心灵共鸣。第二次"蜕变"是电影拍摄。为了让《流浪地

---

① 苏珊、郭帆:《拍摄〈流浪地球〉遇到的最大困难是信任》,新华网,http://www.xinhuanet.com/ent/2019-02/03/c_1124079686.htm,最后访问日期:2021 年 7 月 6 日。
② 苏珊、郭帆:《拍摄〈流浪地球〉遇到的最大困难是信任》,新华网,http://www.xinhuanet.com/ent/2019-02/03/c_1124079686.htm,最后访问日期:2021 年 7 月 6 日。

球》呈现真实的质感，摄制组尽量避免使用电脑特效，并尽可能使用实物或者搭景，这不仅带来了巨大的工作量，也极大增加了拍摄成本，且国内没有可供参考的先例，试错的成本也大大增加。但是，摄制团队本着精益求精的创业精神和推动中国电影工业发展的情怀，克服了来自各方面的困难和压力，高标准推进拍摄工作，最终不仅圆满完成了《流浪地球》的拍摄，还切实提升了中国电影工业的能力和水平，可以说开辟了中国科幻电影发展的新纪元。第三次"蜕变"是后期制作。谈到舞台，人们常言"台上一分钟，台下十年功"，电影何尝不是这样。《流浪地球》最后呈现给观众的是125分钟片长和2000多个特效，但是这最后的"精华"是从大量镜头中筛选出来的，其中的特效又经过反反复复地打磨才最终成型，凝聚着制作团队的辛勤、汗水、智慧和情怀。正是得益于中国电影人的韧劲和电影情怀，《流浪地球》才能够一次次完成"蜕变"，并以万众瞩目的电影艺术成就和塑造中国价值的精妙手法惊艳了观众，获得了经济效益和社会效益的双丰收。

三是中国价值的系统表达。价值观是文化产品的灵魂，《流浪地球》之所以能够获得广泛认可，除了其令人刮目相看的科幻电影艺术成就之外，至关重要的是该电影系统表达了中国价值，让世界以新的方式，从多维视角认知和了解中国。《流浪地球》是如何将中国价值自然浑融地渗透在电影艺术之中，并使其成为血脉和灵魂的呢？在观影过程中，我们能够强烈地感受到这部电影主创团队的责任之力和担当之情，而这种"力"与"情"的源泉便是数千年文明孕育的中国价值。

关于中国价值，我们已经从内外两个视角进行过阐释，并将社会主义核心价值观和人类命运共同体概括为其"双核心"。但是，无论是社会主义核心价值观还是人类命运共同体最终都可以用"责任"和"担当"做更精炼的概括，而《流浪地球》正是通过对责任意识和担当精神的渲染和张扬来系统表达中国价值的。因此，"责任意识"和"担当精神"是《流浪地球》的两条精神主线，沿着这两条主线，我们能够感受到中国价值的强大魅力和深刻内涵。可以说，《流浪地球》对中国价值的表达始于"责任意识"渲染，而终于"担当精神"的高扬，两者构筑了一个圆满闭环，让中国价值的表达与电影呈现相得益彰。

《流浪地球》对责任意识和担当精神的张扬显而易见，这种"责任"是对全人类的责任，这种"担当"是对全人类的担当，而他们都源自中华民族致力于构建人类命运共同体的广阔胸襟。事实上，"灾难"几乎是所有科幻片的主题，《流浪地球》也不例外，它虚构了一个"地球即将毁灭"的灾难预设，而如何应对"灾难"便成为考量国家、社会和个人的价值形态的维度。面对"灾难"，《流浪地球》跨越了"英雄救世主"的思维定势，给出了包含深厚博大的人类情怀和世界眼光的中国方案——带着地球去流浪，为人类寻找新家园。那么如何开启悲壮恢宏的"流浪之旅"呢？《流浪地球》同样遵循中国价值，提出了求同存异、彼此团结。因此，在"地球即将毁灭"的灾难面前，中国电影没有只将中国人刻画为救世主，而是作为"召集人"成立人类联合政府，启动"地下城"争取生存空间和时间，为地球装上"发动机"逃离银河系。在这个悲壮的"流浪计划"中，主角并非某一国家或某一民族的人，而是全人类，是地球人，"人类命运共同体"已经成为常识，中华民族文化基因的责任意识与担当精神也在一幅幅催人泪下的画面中得以呈现。

《流浪地球》不仅在国内外引起了巨大反响，也在一定程度上占领了广阔的国际电影市场，形成了"墙内墙外齐芬芳"的局面，为世界认知和了解中国打开了一扇电影之窗，受到了国内外媒体对中国科幻电影的广泛关注。我国台湾《旺报》于2019年2月15日发表评论称："《流浪地球》成为大陆电影走出去的一个代表，成为西方认识中国的一扇窗户。世界期待通过电影等多种方式来认识大陆，大陆也需要承载思想价值的作品来阐述自己的理念。在一个互动更加频密、误解误判加深、人类未来更多未知的世界，需要更多的中国价值观。"① 《纽约时报》评价说："中国在太空探索领域是后来者（a late comer），在电影业中，中国也是科幻片领域的后来者，不过这种局面就要改变了（That is about to change）。"② 澳大利亚电影网站 Flicks.com 的影评则在欣赏惊险刺激的情节的同时，关注到情节中融入的中国传统道德观念：对家庭和社会的责任、谦卑、自我牺牲精神、忠诚于家国。③

总之，作为一部优秀的科幻电影，《流浪地球》无论是在经济效益方面还是在社会效益方面都收获颇丰，也为中国电影赢得了诸多美誉，而其成功的关键正是将电影艺术与中国价值进行了完美的融合，让电影有了灵魂、有了血肉。《流浪地球》对于中国电影而言，不仅是一部从"高原走向高峰"的代表之作，也是中国电影的一个新的开端。以此为契机，我们更应该加倍努力，去探索中国电影的未来之路。

四　启示与反思：中国电影的未来之路

如果以 1905 年《定军山》拍摄成功作为中国民族电影发展的起点，那么中国电影已经走过了上百年的漫漫长路。回望来路，有丰收的喜悦，更有筚路蓝缕的艰辛，幸运的是，随着国力

---

① 《台媒评〈流浪地球〉：未来的世界需要中国价值观》，中国新闻网，https://baijiahao.baidu.com/s?id=1625504918001671644&wfr=spider&for=pc，最后访问日期：2021 年 8 月 15 日。

② 《外媒热议〈流浪地球〉：中国电影在太空探索领域是后来者，不过，这种局面就要改变了》，http://k.sina.com.cn/article_1914880192_7222c0c002000i6iu.html，最后访问日期：2021 年 8 月 15 日。

③ 《外媒热议〈流浪地球〉：中国电影在太空探索领域是后来者，不过，这种局面就要改变了》，http://k.sina.com.cn/article_1914880192_7222c0c002000i6iu.html，最后访问日期：2021 年 8 月 15 日。

的增强，中国电影的发展也令人颇感欣慰。然而，探索的道路往往不可能总是繁花相伴，中国电影还有很长的路要走，还有诸多困难需要克服。未来的中国电影需要的不只是一部《流浪地球》，还需要属于中国的大片，这其实也是对中国电影的启示。为此，中国电影应该面向未来，进行更有价值的探索和更有新意的开拓。

一是与政府实现更好的互动。好莱坞的成功经验之一就是与政府形成了密切合作、相辅相成的关系。这种关系的核心是政府对电影并非单纯进行简单的管控，而是在管控的同时给予实实在在的物质、文化支持和引导，而电影也能自觉主动地担当起塑造和传播美国价值的责任与使命，并由此铸就了内在的精神与灵魂。这样一种"完美关系"的形成并非一日之功，而是双方在长期的碰撞与摩擦中逐步达成的"和解"与"共识"，其中蕴含着监管与被监管之间的"攻守"智慧，而研究这种"完美关系"并探索其内在机理与逻辑，对于中国电影发展而言，应该是有所启示的。

2018年4月16日，对于中国电影来说也许是一个不能忘记的日子，这一天，国家电影局挂牌成立，隶属中共中央宣传部。从机构职能来看，国家电影局主要负责管理电影行政事务，指导监管电影制片、发行和放映工作，组织对电影内容进行审查，指导协调全国性重大电影活动，承担对外合作制片及输入输出影片的国际交流等工作。国家电影局自然是带着美好愿景挂牌成立的，其职责和使命自然是为中国电影开拓一个灿烂光明的远大前程。能否实现这一愿景，关键在于其是否能够从"管理有余而扶助不足"的历史教训中走出，并与业界建立具有中国特色的"完美关系"。

二是为电影创作筑牢文学根基。电影是文学作品的结晶，正如电影《流浪地球》根植于科幻小说《流浪地球》一样，大部分成功的电影都有深厚的文学作品作为基础。因此，电影必须与文学进行深度互动，否则就会有大量肥皂剧产出，不利于电影行业的健康发展。如何有效推进电影与文学互动，并产生良好的互动效果，让电影和文学在共生中共荣呢？从政府的角度来讲，首先，要像重视电影一样重视文学，并为作家创作优秀作品创造良好条件和宽松氛围；其次，要建立有效机制，切实搭建作家与电影人沟通交流的平台，让他们有更多的思想碰撞的机会和条件；最后，要在作家和电影人之间培养精品意识，并尽可能为产出精品创造良好的政治经济文化环境。

三是有效统筹国际国内两个市场。在地球逐步成为"地球村"的互联网时代，国内市场与国际市场的差距正在缩小，人们对电影的审美也正随着信息的广泛流通而从文化桎梏中解放出来。这也是好莱坞大片才能够做到既传播美国价值，又赢得世界青睐的时代背景。因此，面向未来和面向世界的中国电影需要切实统筹好国际国内两个市场，少一点"内外有别"的思维，多一点人类情怀和世界意识，以减少走向世界的阻碍力量，收获更广泛的世界认同。事实上，从作为中国价值传播载体的角度来看，中国电影也具有赢得全世界喜爱的禀赋和潜力，这一方面来自历史积淀，另一方面来自新时代的中国价值。从历史的视角审视，中华上下五千年灿烂的文化是多么令人羡慕的财富，而基于这种丰厚文化的价值观念很大程度上是最贴近人类心灵、最能引发大多数人共鸣的。从新时代中国价值的角度来看，中国价值中的社会主义核心价值观和人类命运共同体所包含的价值理念都与世界先进文化紧密对接，是代表人类文化进步方向的价值系统，理应被世界理解、包容和认同。

四是持续优化电影生态环境。高品质的电影作品很大程度上依赖良好的文艺生态环境，因此，持续优化电影文艺生态环境是中国电影持续发展的必由之路。持续优化电影文艺生态环境，需要在内外两个方面做好文章：从外部而言，持续优化电影文艺生态环境就是要充分认识电影在价值表达、形象塑造、精神凝聚等方面的独特功能与重要作用，着力实现电影治理能力和治理水平现代化，为其营造良好的发展环境和提供坚实的政策支持；从内部而言，就是要在电影产业内部弘扬崇高的艺术理想，杜绝"一切以票房为宗旨"的不良导向，杜绝"天价片酬"对电影艺术的反噬，进而营造充满诗意与情怀的电影发展内部环境，让高雅的电影艺术能够获得成长空间，让"小市民鄙俗的习气"逐步淡出电影世界。

小　结

内容载体之于中国价值的意义正如交通工具之于旅行者一样，没有载体的托举助力，就无法抵达梦的远方。中国价值传播载体建设是一个没有终点的旅程，是一片没有边际的海，需要我们去探索、去创新、去创造。内容载体建设能力和水平的提升需要久久为功，需要有坚实的制度机制为支撑。因此，我们必须把内容载体建设作为中国价值传播体系建构的核心内容，探索形成有助于其水平提升和质量升华的良好机制。值得庆幸的是，中国电影既有数千年积淀的宝贵文化资源可以开掘，又有雄伟瑰丽的未来可以畅想，历史、现实和未来三位一体的举托，使其具有十分广阔的发展和作为空间。因此，我们可以预见，在不远的将来，大批优秀中国电影便会如雨后春笋般涌现出来，在照亮电影艺术星空的同时，也为中国价值表达插上更为坚实的艺术之翼。

第六章 中国价值传播的渠道建设

无论是面向国内还是国际，中国价值传播都需要依托一定的渠道才能实现。而那些经过精心编码、释码，凝聚着传播主体汗水和智慧的内容也只有以适当的渠道进行传输，才能有效抵达受众，进而实现预期的传播目标。

第一节 渠道研究的基本理论

传播学研究的基本结构始终围绕哈罗德·拉斯韦尔的传播过程模式展开，并以"5W"为基点，发展出控制分析、内容分析、媒介分析、受众分析、效果分析五大重点研究领域。因此，按照传播学研究的传统范例，我们在此讨论的是中国价值传播的媒介运用问题，而之所以称"媒介"为"渠道"，主要是考虑"媒介"常用于大众传播，而"渠道"则不仅适用于大众传播，也能在人际传播领域发挥作用，具有更广阔的适用面。作为传播学研究的重要范畴，媒介分析已经形成十分完备的理论体系，而重温和透视这些理论，能够为研究和解答中国价值传播渠道问题带来灵感和启示。

一 媒介比较研究理论

所谓媒介，就是指信息流通和扩散的渠道，通常是报纸、杂志、书籍、广播、电视、电影、网站等大众传播媒介的总称。媒介分析通常从微观和宏观两个层面展开：微观研究关注各种媒介的传播功能以及不同媒介的传播偏向，从而为改善传播效果提供理论支持；宏观研究将媒介放入更广泛的历史文化背景和社会系统中，思考媒介对于推动社会政治经济文化发展的功能和作用，揭示媒介在人类社会引发的"蝴蝶效应"。在传播研究领域，学者们更关心媒介的微观研究，产出了诸多理论成果，并为现实生活中的媒介体系建构提供了坚实的理论基础。相较于传播学，文化哲学更关注作为文化传播渠道的媒介，并从宏观层面解读媒介和传播行为，也产出了不少经典理论，从而拓宽了人们认识和理解媒介的视野。

在微观研究层面，不同媒介的传播效果研究广受关注，并诞生了一系列著名的研究案例。例如，戴维·塞纳和威廉·麦克尤恩曾经挑选了一批大学生作为实验对象进行研究。他们把参加实验的学生分成三组，让第一组看录像，让第二组听声音，让第三组读材料，但获取的是相同的信息。此后，他们让三组参加实验的学生分别回忆看到、听到和读到的内容，比较三种获取信息的方式哪种更有效。结果显示，三组学生回忆出的内容并无太大差异。该实验对当时普遍存在的认为电影媒介调动参与的感官系统较多、观众获得的信息也必定更准确的观点给出了否定答案。此外，卡伦·布朗也主持了一项研究。他把具备相同认知能力的实验对象分为两组，让一组观看一部有关法庭诉讼的纪录片，另一组阅读同一内容的文字材料。随后，布朗请两组不同的实验对象回忆信息内容，结果出人意料，通过阅读文字材料了解信息的一组能够更全面、更牢固地回忆出信息内容。

以上两组实验只是传播学者们研究不同媒介传播效果差别的一个缩影，类似的研究不胜枚举，而学者们乐此不疲地开展媒介比较研究，旨在希望能够对不同媒介的传播优势形成清晰认知，并有效指导传播实践。相对于其他内容的传播实践，中国价值传播具有更高层面的复杂性和艰巨性,因此,渠道的选择和运用也就显得更加重要,而能够在渠道的选择、拓展和运用方面实现创新和突破也必将影响传播效果的实现。

二 伊尼斯的媒介偏向理论

哈罗德·伊尼斯被誉为北美 20 世纪传播和媒介研究领域最富原创性的思想家之一,其学术水平是传播学史上一座无法跨越的高峰。[①] 作为历史哲学家、媒介理论家和传播学家,伊尼斯的代表作《帝国与传播》和《传播的偏向》具有深远意义,而其媒介理论和传播理论也较为全面地反映在以上两部著作中。

伊尼斯的媒介理论有"泛媒介论"和"媒介偏向论"两个支点。他认为,媒介是一个非常广泛的集合,除了报纸、广播、电视等常见的传播工具之外,凡是能够负载信息的物质都是媒介,例如,石头、泥板、黏土、金字塔、教堂、图书馆、莎草纸、羊皮纸、广播、电影,甚至货币、高楼大厦等都可以是媒介。此外,伊尼斯还认为,口语、字母表、诗歌、戏剧、散文、漫画、法律、哲学、数学、广告等,也都是媒介,因为它们都传递着某些特定历史时期的思想和文化。源于独特的媒介观念,伊尼斯还提出,每种媒介都有不同于其他媒介的特征,每种社会都会有多种媒介,各种媒介可弥补彼此在功能上的不足。"万物皆媒介"正是伊尼斯"泛媒介论"的中心思想,而这一理论对于中国价值传播实践的启示性意义是毋庸置疑的。由于中国价值传播是一个拥有高度复杂性的综合系统,大到国际传播,小到普通人际交往,无所不包,要使其能够高效良性运行,就需要这样一种开放、宽广、包容的媒介认知理论,以让中国价值传播实践具有更

---

① 林文刚:《媒介环境学——思维沿革与多维视野》,何道宽译,北京大学出版社,2007,第 106 页。

高水平的开放性、兼容性和创新性。

在《传播的偏向》一书中，伊尼斯提出了"媒介偏向论"。他认为，从信息的组织和控制角度看，每种媒介形态都有一种偏向。它们以时间为重点或者是以空间为重点，并由此规制社会上传递信息的数量、性质及形态。以此为基点，伊尼斯将媒介分为时间偏向的媒介和空间偏向的媒介两种。显然，时间偏向的媒介是那些能够经得住时间打磨，却不利于在空间上传输的媒介，例如，古代的石头、黏土、羊皮纸等；空间偏向的媒介，自然是质地轻薄、耐久性差，利于空间运输，却不利于长期保存的媒介。在伊尼斯的理论中，时间偏向的媒介与空间偏向的媒介各有优势，并对文化和社会模式产生着深远的影响，而媒介的变迁又会带来文化和社会的改变。

"媒介偏向论"揭示的道理并不复杂，它告诉我们不同的媒介有不同的优势，因而，在不同的传播实践中，选择怎样的媒介，运用怎样的渠道十分重要。作为国家文化软实力建设的重要内容之一，中国价值传播具有长期性、系统性、艰巨性，需要整合各种媒介的优势，编织一个立体化、多向度的传播体系，确保其内涵和精神能被广泛传播和理解认同。

三 麦克卢汉的媒介理论

麦克卢汉是传播学界最具传奇色彩的人物之一，其传奇性在于他提出了一系列大胆、超前且富有智慧的媒介理论。学术界将麦克卢汉的媒介理论概括为三个主题。

一是媒介即讯息。麦克卢汉认为，在人类传播实践中，真正有意义、有价值的"讯息"不是各个时代的传播内容，而是这个时代所使用的传播工具的性质和它所带来的可能性及社会变革，这正是"媒介即讯息"的核心内容。正是基于"媒介即讯息"的理念，麦克卢汉对"媒介"的界定更宽泛。他认为，除了大众传媒之外，各种交通工具也在媒介范畴之内。此外，在麦克卢汉的理论中，媒介还是社会发展的基本动力之一，因为每种新媒介的产生，都改变了人类感知和认识世界的方式，也改变了人与人之间的关系，并创造出新的社会行为类型。在 20 世纪五六十年代，麦克卢汉的观点是如此超前，以至于人们难以理解，并认为是"奇谈"。而今天，飞速发展的传播技术以及由此带来的社会发展和人类行为的改变，让我们深刻感受到了"媒介即讯息"的真实力量。互联网的出现不正在改变着人类感知和认识世界的方式吗？不正改变着人与人之间的关系吗？不正在创造着新的人类社会行为吗？

二是媒介是人的延伸。在麦克卢汉的媒介理论中，媒介不是传播信息的渠道，而是人体器官的延伸。他认为，印刷是眼睛的延伸、广播是耳朵的延伸、车轮是双腿的延伸、电子传媒是中枢神经系统的延伸，而飞机弥补了人类没有翅膀的遗憾。麦克卢汉的"媒介是人的延伸"这一理论也很富有见，毕竟所有的传播活动都围绕人来展开，解决的也是人体感知能力极限的问题。更为重要的是，这一理论深化了人类对于媒介的认识，进而为更好地推动媒介建设奠定了坚实的思想基础。如果说麦克卢汉"媒介即讯息"的理论已经在现实世界得到充分体现的话，那么"媒介是人的延伸"这一理论的广泛实践尚未到来，但是随着 VR、AR 等技术在媒介领域的广泛使用，我们将更为深切地感受到媒介的确是人的延伸。

三是冷热媒介。麦克卢汉认为，媒介可以分冷媒介和热媒介。冷媒介是指传播的信息模糊含混、清晰度低，因而接受者的参与度随之提高的媒介；热媒介指传播的信息明确清晰，因而接受者的参与度相对较低的媒介。麦克卢汉关于冷热媒介的划分在学术界的反响较为平淡，也没有在实际研究中产生实际成果。但是，它启迪着人们不断去思考不同媒介的传播偏向，并建构更为科学的媒介体系。

对于中国价值传播体系建构而言，麦克卢汉的媒介理论同样能够带来很多启示，有利于我们以更加广阔的视野推进这一系统工程，让中国价值成为凝聚和团结全体中华儿女的精神力量以及世界认知、理解和认识中国的窗口。

四 斯蒂芬森的媒介游戏理论

在《传播的游戏论》这本书中，威廉·斯蒂芬森针对媒介及其功能提出了一套非常有趣的理论。在斯蒂芬森看来，媒介并非传播的工具而是游戏的玩具，而人们在摆弄媒介的时候，往往也并非出于功利的目的，而是在进行一场游戏。[①] 这种观点的背后，有一套更有新意的人类行为分类理论。斯蒂芬森将人类行为分为游戏和工作两种，其中工作是面对现实的，是谋生，是有产出的；游戏是提供自我满足的行为，几乎没有产出。回到传播实践，斯蒂芬森又将传播分为游戏性传播和工作性传播两个类别，其中工作性传播带有任务的成分，对于传者和受众来说都是不快乐的；游戏性传播并没有什么具体任务，"传播愉快"是唯一的目的。在史蒂芬森看来，大众传播就是游戏性传播，大众传播媒介是游戏而非工具。这一理论看起来诙谐俏皮，但有其合理性，在我们的生活实践中，大量有效传播不正是在愉悦的"游戏"中实现的吗？好莱坞大片之所以具有强大的价值传播功能不也正是得益于其无与伦比的娱乐性吗？对于中国价值传播而言，斯蒂芬森的理论启示便是中国价值传播各主体要尽量发挥聪明才智，将具有严肃性和庄重性的传播内容以令人愉悦的手段和方法向着更深、更广传播，让"传"与"受"在"传播愉快"的旅程中完成一场对话，在"游戏"的状态中达到各自的目的。而这，不正

---

① 参见刘海龙《大众传播理论：范式与流派》，中国人民大学出版社，2008。

是我们梦寐以求的传播效果吗？

五　议程设置功能理论

议程设置的核心要义是大众媒介为公众安排议论的话题，进而在人们谈什么、想什么、怎么想等方面产生影响。也正是基于这一功能的存在，媒介的功能才得以提升和拓展，并成为"第四权力"。议程设置功能理论在学界引起了强烈反响，学者们从不同的立场出发，开展了多层面和多角度的研究，使其更加丰富和完善，并为传播实践奠定了更为坚实的基础。

在纷繁复杂的议程设置功能研究中，"知觉模式""显著性模式""优先顺序模式"具有较强的代表性。"知觉模式"是指大众传播报道或者不报道某个"议题"会影响到公众对该"议题"的知觉；"显著性模式"指的是媒介对少数"议题"的突出强调会引起公众对这些"议题"的特别重视；"优先顺序模式"则指传媒对一系列"议题"按照一定的优先顺序给予不同程度的报道，会影响公众对这些"议题"的重要性的判断。此外，学者们还对不同媒介的议程设置特点进行了研究，并得出了一些具有代表性的结论，例如，报纸的议程设置对长期议题的"重要性顺序排列"影响较好，而电视的"热点化效果"比较突出；报纸的新闻报道形成"议题"的基本框架，而电视新闻报道则挑选出"议题"中若干最主要的"议题"加以突出强调；电视的主要影响是提供"谈话议题"，而报纸则可以对"个人议题"产生较深刻的影响。[①]

议题设置功能理论对于传播实践的指导性和启发性意义是十分突出的，特别是在中国价值传播实践中，能否很好地开发和运

[①] 蔡雯、戴佳：《议程设置研究的历史、现状与未来——与麦库姆斯教授的对话》，《国际新闻界》2006年第2期。

用这一功能几乎决定着传播实践的成败和传播效果的好坏。当然，在自媒体迅速发展、信息激流汹涌澎湃的当下，大众媒介的议程设置功能也正在被不断稀释，人们都在追逐热点，而主流媒体如果不关注热点，便会被批评为"失语"，丧失话语权，甚至是舆论引导力。但是，这种局面的出现并不意味着主流媒体可以放弃议程设置功能，而是说明在新的媒介格局中，媒介的议程设置功能面临更多的挑战，需要传播者付出更多的智慧和努力，方可收到良好的效果，并切实引领舆论。

因此，作为媒介引领舆论的前提和基础，越是在信息汹涌的时代，议程设置功能建设的紧迫性就越强。否则，失去引导的舆论就会野蛮生长，进而影响社会的和谐稳定，并反噬信息时代带给人类的发展红利。中国价值传播本身也是一种舆论引领，其本质就是要通过有效的传播实践，让中国价值从多元的价值理念中凸显出来，成为主流。

六 媒介环境建构理论

与议程设置等显性功能相比，作为现实社会的镜子，媒介还具有诸多隐性功能。这些功能不易被察觉而又确实存在，甚至还发挥着极为重要的作用。因此，关注媒介隐性功能的价值和意义在某种程度上并不亚于对其显性功能的关注和把握。

对于媒介的隐性功能，麦克卢汉的得意门生尼尔·波兹曼用"媒介即隐喻"进行了概括，并在此基础上创建了媒介环境学。"媒介即隐喻"做出了这样的判断：一种媒介所隐喻的乃是一种新的文化。[1] 那么，这种文化是一种怎样的文化呢？透视我们生存的这个世界，很显然其重要特征之一就是现代传播媒介的普及

---

[1] 熊楚：《尼尔·波兹曼媒介环境学思想研究》，硕士学位论文，中南大学，2011。

化，而各种各样的媒介及其所传播的信息建构了我们生活于其中的信息环境，这就使人类不可避免地生存在现实与虚拟的双重环境之中，它像一个密闭的盒子，把人类的思维和意识都封闭在其中。那么，我们生活的这个"双重环境"是如何形成的呢？关于这个问题，有学者做了如下概括："一个是我们感官范围之内的现实生活环境，它是我们的感官所能感知的环境，真实、可靠，但范围比较狭窄；另一个环境则是由媒介信息构建的有关现实世界状况的虚拟环境，这个环境可以被看成是媒介对现实环境的模拟，是一个插入到人与他的现实生活环境之间去的虚拟环境，它并不真实，但涉及的范围却非常广泛。"① 现实与虚拟的双重映照，构建了一个真真假假的世界，但是，生活于其间的人们一时难辨虚实，大有"假作真时真亦假"的感觉。

首先关注到媒介隐性功能的传播学者是沃尔特·李普曼。他在1922年出版的《公共舆论》一书中指出：由于现代社会的规模不断扩大，且个人生活卷入的社会关系也日益复杂，已经大大超出了我们的经验范围，因此，人们只能通过传播媒介的信息去了解那些超越了我们经验的事件。那么，我们如何来看待这个媒介建构的镜像世界呢？李普曼认为，虽然我们很难直接去感知、把握、理解我们身外日趋复杂的世界，但是我们还得面对它，因此需要建构一个可供感受、适合体验的间接环境，而这就是所谓的"脑海图景"。在李普曼的理论中，"脑海图景"是一个经过简化的"伪环境"，其作用在于把臆想的秩序及联系加诸庞杂混乱、无所适从的身外世界，变无序为有序，从而在虚拟而无序的世界中，为自身创建一个"可触、可见、可感"的环境。

在媒介环境论中，还有一位代表人物——梅罗维茨。作为媒介环境学派的第三代中坚人物，他继承了麦克卢汉"以媒介本身

---

① 王颖吉：《传播与媒介文化研究方法》，北京大学出版社，2017。

为研究焦点"的媒介研究思路，提出了以情境论为核心的媒介社会影响理论。这一理论综合了麦克卢汉的媒介理论和美国社会学家戈夫曼有关人类社会生活与社会角色理论的一些观点，以此来分析媒介所形成的社会情境，产生了广泛的影响。

关于媒介环境的研究虽然成果不少，但与其可以开拓的空间相比，研究的广度和深度都还有待拓展，而其中最有可能深入挖掘并获取重要理论与进行实践创新的领域是关于媒介事件和媒介人物以及由其构建的媒介空间。媒介事件和媒介人物是媒介环境的主体，他（它）们和媒介环境一样，可以被看作真实世界的幻影，不一定存在，也不一定真实，但又会对现实世界产生实实在在的影响。那么，我们该如何正确对待如同空气一样弥漫在我们周围的媒介事件和媒介人物呢？最为重要的是要树立媒介环境意识，并时刻对此保持清醒的认识，从而对铺天盖地的媒介人物和媒介事件有一个客观的判断，以免在错综复杂的媒介环境中迷失自我。这应该是媒介环境给予我们的启示，而营造一个美好而尽量反映现实的媒介环境应该是媒体人和传播研究者共同努力的方向。对于中国价值传播而言，对媒介环境的深度认知和系统分析是优化传播路径和实现传播目标的前提和基础，离开了对传播环境的认知和分析，传播实践往往会陷入南辕北辙的窘境。

第二节　国内传播的渠道分析

推动中国价值成为凝聚社会共识的"最大公约数"，有效传播是前提，是基础，也是关键，而推进中国价值的有效传播，必须依托尽可能丰富的传播渠道。那么，从国内传播的视角分析，中国价值传播有哪些渠道可以依托呢？结合相关媒介理论，并立足于中国媒介生态格局，我们认为应该集合相关力量，编织一个

第六章　中国价值传播的渠道建设　183

功能互补的立体式渠道网络集群,让中国价值传播内容能够多角度、全方位到达并影响受众。

一　凸显主流媒体的主渠道作用

中国价值传播是国家文化软实力建设的重要工程之一。作为党和人民的喉舌,主流媒体必然发挥主渠道、主平台、主阵地作用,并以高质量、大流量的信息输出切实发挥好舆论引领功能。主流媒体如何发挥好中国价值传播的主渠道作用呢?我们应该深刻把握和紧密呼应互联网时代的新传播格局,并在此基础上,以新视野、新格局、新理念,拓展主流媒体的"四项"功能。

一是议程设置功能。议程设置是新闻媒体的重要社会功能,也是媒介引领社会舆论的主要方式。作为中国价值传播的主渠道,主流媒体必须"凝聚发展共识、找准自身定位、重塑内容优势、补上发展短板"[1],并以高度的思想自觉发挥好议程设置功能,做到多角度、多层面、多形式报道与中国价值相关的内容,为中国价值传播营造良好的舆论氛围和媒介环境。

主流媒体如何有效进行议程设置,让中国价值的相关议题获得更广泛、更深刻、更有效的关注呢?除了常规和具体地加大传播密度之外,还应该更周密细致地思考中国价值传播的顶层设计问题,有目标、有规划、有步调地推进中国价值传播议程设置,确保传播实践能够取得良好的传播效果,并尽可能实现传播目的。在中国主流媒体中,不同媒体的影响力是有差别的,掌握的资源也不尽相同,因此在中国价值传播议程设置的具体实践中,新华社、《人民日报》、中央广播电视总台、《光明日报》等强势媒体应该发挥引领和示范作用,其他主流媒体也应该主动作为、

---

[1] 张曙红:《在文化强国建设中做强新型主流媒体》,《经济日报》2020年12月29日。

主动担当，立足于不同层面，面向各自的受众，积极推进有关中国价值传播的议程设置，共同营造广泛传播中国价值的良好氛围。

二是宣传阐释功能。中国价值是抽象概念，而主流媒体有必要为读者展开和挖掘抽象概念身后的丰富内涵，让三个层面"24字"的社会主义核心价值观和人类命运共同体理念转化为有血有肉、多姿多彩的理论体系。事实上，深度诠释是中国价值观传播的重要路径，原因很简单，只有将培育和践行中国价值的重要意义讲清楚、讲透彻，传播行为和实践才能获得更多理解与支持，传播内容才会获得更多受众的关注，传播效果才能不断提升。从目前的状况来看，深度阐释中国价值的文章不少，但是成系统、成体系的阐释不够，阐释的形式也较为单一，因此尚未形成显著影响，而造成这一局面的原因之一是缺乏有效的议程设置。事实上，作为中国价值的主要内核，无论是"社会主义核心价值观"还是"人类命运共同体"都有十分深厚的历史文化基础，我们可以广泛采撷丰富的历史和现实资源，用十分鲜活的案例和非常灵动的形式，以多姿多彩的话语将它们阐释得更加透彻、精辟。主流媒体在中国价值的深度阐释上更应该有所作为。当前我们缺乏的是一个中国价值深度阐释的总体规划和设计，而产出一个具有科学性和实效性的总体设计，或许是中国价值深度阐释需要立刻打开的"结"，打开了这个"结"，创新的源头活水便会源源不断，中国价值传播的广度、深度和效度也必然得到极大提升。

三是内容生产功能。我国的主流媒体汇聚了大量的优秀人才，具有获取信息的广泛渠道和天然优势，是担当中国价值传播内容生产使命的不二之选。事实上，充分调动媒介人才投身中国价值传播内容生产具有特别重大的意义。首先，自媒体方兴未艾的新媒体时代，对主流媒体的大众传播提出了掌握主动权、主导权的更高要求，相反，自媒体发布的信息却因其灵动、鲜活等独特优势，容易被广泛传播。但是，源于自媒体的信息往往在权威性、真实性等方面受到诟病。当前社会环境日益复杂，民众对主流媒体真实、准确、可靠信息的需求随之提升。因此，越是信息发布自由的时代，越需要来自主流媒体发挥"先声夺人"的作用，以权威、真实、优质的信息遏制"流言蜚语"，净化舆论环境。其次，中国价值作为一个非常抽象的概念，如何将其融入人民群众日常生活，并衍生出生动多元的传播产品，本就是一个十分复杂的解码和释码过程，需要依赖深厚的专业素养和过人的智慧才能实现。因此，当下急需大批具备专业水准和深厚学养的新闻媒体记者群体来担此重任。此外，这还有赖于系统的制度保障，应该将这种保障机制纳入大众媒体作为中国价值传播主体的责任体系建设中予以考虑。主流媒体担负起作为中国价值传播主体的责任，也不能只靠自觉自愿，而应该有一整套管理、考评和保障体系。

四是活动组织功能。主流媒体的特殊功能之一是具有十分强大的号召力，具有开展各种媒介传播活动的天然优势。因此，中国主流媒体应该充分发挥自身优势，集合优质资源，策划组织一些以中国价值传播为主题的活动。事实上，有的媒体已经在这一领域走出了宽广的道路，例如，光明网承办的"社会核心价值观百场讲坛"已经获得社会各界认可；每年的春节联欢晚会也都大量植入了中国价值的相关内容。但是，对于地域辽阔、人口众多的中国而言，宏观层面的集中式中国价值传播主题活动还略显不足，应该还有十分丰富的资源可以挖掘，应该还可以创造更多精彩绚丽的主题节目，让中国价值传播以群众更加喜闻乐见的方式，得到更有效的推进。

二 发挥社会媒介的大渲染作用

如果从伊尼斯的"泛媒介论"开始发散思维，那么，几乎整个世界的万事万物构成了一张铺天盖地的传播媒介之网。因此，在庞杂而广阔的媒介集群中，除了以传播信息为基点的大众媒介和自媒体之外，还有更广泛的媒介：高速公路两边的广告牌是媒介，喷涂了广告的围墙是媒介，布满了车身广告穿梭于大街小巷的计程车和公交车也是媒介……我们姑且把这些大众媒体之外，具有媒介功能，又不以传播信息作为存在基础的媒介统称为社会媒介。对于中国价值传播而言，社会媒介是一个无比宽阔的舞台，在这个广阔无垠的画布上描绘中国价值传播的壮丽图景具有深远的意义。它有利于我们随时随地置身于中国价值的视听浸染和心灵触动中，并由内而外激发出建设美好家园和不断完善自身的内生动力。

在中国价值传播实践中，对社会媒介的运用无疑得到了高度重视，甚至可以说社会媒介与大众媒介具有同等重要的地位，它们在不同的层面和角度发挥着中国价值传播的主渠道作用。事实上，我们无论是在校园，还是在社区，几乎在所有公共空间，都能看到社会主义核心价值观的基本内容。对于很多人而言，对中国价值的最初认知往往也来自这些社会媒介，而非报纸、电视或广播等大众媒介。然而重视归重视，在中国价值传播的视域中，社会媒介的运用显然还存在诸多不足，而其中最明显的便是传播形式过于单一，传播手段过于简单，进而影响传播资源的高效利用和传播效果的提升。

因此，在面向未来的中国价值传播实践中，如何更好地运用好社会媒介，以更新颖、更别致、更接地气的手段和方法推进中国价值传播，应该是一个可以深入思考和精深掘进的重要领域，而沿着这一路径的探索必将产出诸多杰作，让中国价值传播的效果得以不断强化。

总之，在中国价值传播实践中，社会媒介的运用空间广、舞台大，尚有诸多可以开掘的地方。而这一价值传播渠道资源的开掘效果在很大程度上取决于我们能否怀着更为诚挚的心，将更多的智慧和力量汇聚在这一关乎中华民族伟大复兴的文化软实力建设工程上来。

三　强化各类课堂的主阵地作用

课堂是中国价值传播的主阵地，教师是传播者，学生是受众，传受双方构成了一个交流互动的传播场域。一般认为，教师、学生和课堂情境是组成课堂的三要素，要切实将课堂建设成为中国价值传播的主阵地，需要抓好教师、学生和课堂情境这三个环节。

作为课堂的引领者、组织者，教师是课堂的灵魂。因此，要将课堂建设成为中国价值传播的主阵地，关键在教师。那么，如何才能确保教师能够在课堂上完成好传播中国价值的使命和职责呢？这就需要把中国价值培育作为教师队伍建设的重要内容来抓，确保教师能够深度理解和认同中国价值，并成为中国价值的坚定信仰者、自觉践行者和主动传播者。此外，教师应该树立起传播中国价值的责任意识和使命意识，认识到课堂传播的重要性，传播中国价值是自己作为教师的使命，确保课堂不跑偏是自己的责任。除了教师，一个高效率课堂的形成，还必须得到学生的积极配合，有了师生之间的密切配合和良性互动，课堂就会充满活力，知识传播和价值引领都将在良好的课堂氛围之中实现。

那么，在课堂上如何将教师和学生有效连接起来，如何让以知识传播为主的课堂更好地与中国价值传播接轨呢？其中的连接点就是课堂情境。课堂情境创造具有十分深厚的理论基础，直观教学理论、情知对称原理、寓教于乐原理、因材施教原理等，都为课堂情境创造提供了学理支持。从中国价值传播的角度来看，课堂情境创造也为中国价值传播拓展了更多的空间。因此，作为课堂情境的设计者，教师应该在课堂情境设计中发挥引领作用，让"爱国、敬业、诚信、友善"的中国公民价值融入课堂情境主题。

对于学校而言，课堂是个一体两翼的结构，除了以传授知识为主兼具价值引领功能的第一课堂之外，还包括以能力素养提升为目标的第二课堂。中国价值传播除了可以在第一课堂润物无声、潜移默化地实现之外，还要借助第二课堂的力量突出显性效果。毫无疑问，扎实有效地推进中国价值传播，让孩子们理解、认同和践行中国价值，让中国价值所倡导的理念成为凝聚社会共识的"最大公约数"，是中国教育的重要使命之一。

四 拓展主题出版的深度阐释功能

图书虽然也常常被纳入大众媒介的范畴，但是图书的出版有其特殊性，与大众传播的空间偏向相比，图书的内容似乎更偏向于时间；与大众传播的灵活性和浅表性相比，图书更讲究系统性和集成性。因此，在大众传播实践中，应该把有关中国价值的主题出版作为重要传播渠道加以建设，防止其在大众传媒声势浩大的滚滚洪流之中随波而逐流，凸显不出自身的独特作用。

主题出版图书对于中国价值传播的意义重大。首先，图书作品的思想性、艺术性是其他大众传媒难以达到的，更是短平快的自媒体无法比拟的。主题出版有利于用更加系统、更加生动、更加深刻的形式，凝聚更加专业和优质的资源，阐释和传播中国价值。其次，图书出版过程中产生的优秀作品可以为影视创作提供丰富的养分，让中国价值以更加现代化、更加富有吸引力的方式得以传播。最后，中国价值主题出版有利于深化学界对中国价值的研究，确保中国价值在众多专家学者的不断探索和阐发下，积聚更强有力的传播势能。

总之,图书出版是中国价值传播不可忽略的重要渠道,从这一层面推进的中国价值传播更稳健、更坚实、更深厚,也更有利于在受众心中埋下健康的种子。但是,从目前的出版情况来看,以社会主义核心价值观和人类命运共同体构建为主题的图书数量有限、质量一般,且以理论阐释为主,较少有富有艺术创造性和思想感染力的优秀作品。因此,在中国价值传播不断深入的过程中,应该以更大的力度和创新的方式抓好中国价值主题出版工作,切实为中国价值插上思想的翅膀、艺术的翅膀,为其飞入千家万户和飞向世界各地筑牢基础。如何推动中国价值主题出版呢?这需要内力和外力的合力共推。所谓内力,就是出版界要切实从服务中国价值传播、助力中国梦实现的高度,从出版界的实际出发,科学策划选题、精心选择作家、精准推进营销,实现主题出版社会效益与经济效益双丰收;所谓外力,就是政府和社会各界要对主题出版给予多形式、多样化的支持,确保主题出版图书产品能够有更多的拓展空间和市场,在更广泛的层面、更长远的将来发挥引导教育、春风化雨的作用。

五 开发手机媒体的内容集成功能

一眨眼间,移动互联时代已经到来,手机媒体如同漫山遍野的春花,为我们的工作、生活增添了一道靓丽的风景,也解构和建构着我们的信息空间。手机媒体被称为"第五媒介",具有"可以移动、交互式和信息记录和传播方式大拓展"[1]等方面的传播学特征,而这些特征注定其当仁不让成为主流,而且将在已经来临并将形成燎原之势的5G时代对我们的生活产生更加全面而深刻的影响。因此,手机媒体是中国价值传播必须依托、必

---

[1] 侯俊逸:《手机媒体的传播学特征》,《现代传播》2017年第22期。

须占领的重要渠道，能否有效运用和依托手机媒体，甚至会成为衡量中国价值传播效果的标准之一。那么，如何将手机媒体建设成为中国价值传播的重要渠道呢？首先，要根据手机媒体的传播学特征，有针对性地策划和生产手机传播内容，并通过手机终端送达受众；其次，要充分发挥手机媒体的互动性特征，调动广大民众积极通过手机媒体进行中国价值传播，通过手机媒体汇聚中国价值传播涓涓细流，形成奔涌江河的局面；最后，要充分发挥媒介信息管理部门的宏观调控作用，对手机媒体的信息传播行为给予有效引领和科学规范，以便净化手机媒体传播环境。

手机媒体的交互式特征在传播实践中的体现就是传者和受众的地位随时发生交互式变化，这种传播方式有利于将中国价值的单向传播转化为平等的价值交流，对于更深入传播中国价值有重大意义。当然，作为一种新的、不断发展完善的传播形态，手机媒体与中国价值传播的深度融合还需要逐步探索。但是，在风云变幻的传播格局中，通过拓展手机媒体这一新渠道来提升中国价值传播水平和效果的路径必须受到高度重视。

第三节　国际传播的渠道分析

蕴含华夏五千年文明精髓的中国价值如何在温润中国大地的同时，尽可能向世界传播，成为世界人民认识和了解中国的"价值之窗"呢？对此，我们在扎实抓好中国价值国内传播的同时，还必须推进中国价值的国际传播，而向世界传播中国价值，至关重要的环节便是传播渠道建设，确保中国价值能够以国际受众乐于接受的手段和形式得到表达。如何有效推进中国价值国际传播渠道建设，使其能够在"万物互联"的新传播时代更好地担当使命呢？系统分析中国价值国际传播形式，我们认为应该重点写好提升主渠道传播效能、运用境外媒介传播和建好国际交流平台这"三篇文章",以进一步筑牢和拓宽中国价值国际传播渠道。

一　全面提升主渠道传播效能

与国内传播相比,中国价值的国际传播需要解决文化对接和语言转换的问题,因而更为复杂和更具挑战性,自然也就要求更高的专业性。因此,具有专业水准、汇聚专门人才、富有传播经验的国际传播主流媒体必然是中国价值国际传播的主渠道,也将承担起中国价值世界传播的主要任务。

经过长期的探索和积累,我国已经构筑了以"两报、一台、两社"为主体的国际传播主渠道体系,为中国价值的国际传播搭建起了"四梁八柱"。今天,面对波诡云谲的国际传播形势,我们的使命是要回应新时代的新要求,切实做好"加强和改进国际传播工作,展示真实立体全面的中国"这篇大文章,让中国价值能够以更广阔的渠道、更丰富的形式、更动人的姿态实现更生动的表达,并获得更广泛的世界认同。

"两报"是《人民日报》和 China Daily,它们是中国价值国际传播渠道体系中纸质媒介的"领头雁"。作为中国第一大报,《人民日报》是一个传播系统,而其中主要承担国际传播使命的是《人民日报·海外版》和人民网。《人民日报·海外版》于1985年7月1日正式创办,是中国对外发行的最具权威性的综合性中文日报。《人民日报·海外版》以海外华人、华侨,港澳台同胞和分布于世界各国的留学生与工作人员以及关心中国建设和发展情况的各国朋友为目标受众。《人民日报·海外版》的办刊宗旨是全方位报道改革开放和现代化建设事业,展现"自由、平等、公正、法治"的中国社会和"富强、民主、文明、和谐"的国家以及"爱国、敬业、诚信、友善"的中华民族。除了海外版,人民日报社还于1997年1月1日创办了人民网,以新的渠道塑造中国形象和传播中国价值。人民网充分凸显网络媒体的优势和特色，以英语、日语、法语、西班牙语、俄语、阿拉伯语、韩语、德语、葡萄牙语9个语种发布，覆盖世界200多个国家和地区，已经成为中国价值国际传播的另一个重要渠道和阵地。China Daily 创刊于1981年6月1日，是中华人民共和国成立以来创办的第一份全国性英文报纸。作为中国改革开放的产物，同时作为中国面向世界敞开的第一扇信息之窗，China Daily 坚持"让世界了解中国，让中国走向世界"的办报宗旨，理所当然地成为中国最具权威的英文媒体。随着互联网的普及，China Daily 还建设了中国最大的英文资讯门户网站——中国日报网，服务国内外中高端读者，架起了连通中国与世界的网上桥梁。中国日报网拥有英文、中文、法文三个版本，同时包括手机报、图片网、博客、论坛、电子杂志、网络电视等50多个网站或频道，在探索从单一报纸向综合性媒体和跨媒体机构的发展路径中取得了卓越成绩。

"一台"是中央广播电视总台，即"中国之声"，于2018年4月19日正式挂牌，由原中央电视台（中国国际电视台）、中央人民广播电台、中国国际广播电台整合组建，成为世界上最大的综合性传媒集团之一。中央广播电视总台的组建是"不断走进世界舞台中央"的中国对新时代传播需求的积极回应，而此次创新性重组的重要成果之一便是推动其国际传播"实现了国际电视、国际广播以及新兴媒体的融合发展"[①]。随着业务融合水平的不断提升，中央广播电视总台已经在建设国际一流新型主流媒体的道路上迈出了坚实的步伐。相关资料显示，新组建的中央广播电视总台在不到一年的时间里便在国际传播领域取得了令人喜悦的成

---

① 李宇：《浅析中央广播电视总台国际传播的融合发展模式与创新升级路径》，《听世界》2020年第1期。

绩:"国际视通"签约用户覆盖全球 131 个国家和地区的 336 个媒体机构;中国国际电视台英语、西班牙语、法语、阿拉伯语、俄语等多个国际频道已在全球 150 多个国家和地区落地播出;以《朗读者》《国家宝藏》《经典咏流传》《世界听我说》《谢谢了我的家》等为代表的精品节目集群,更好地向世界展示了真实、立体、全面的中国;机构融合红利不断释放,频道、频率和新媒体在全球多终端、多区域、多机构有机联动的中国价值传播格局逐渐形成。

"两社"是新华社和中国新闻社(简称中新社),它们是中国价值传播的主渠道和主力军,一直担负着传播我国政治理念和展现经济文化风貌的重任。新华社是我国的国家级通讯社,其履行传播职能的主要方式有:传统形式的报道,包括文字、图片、图表的通稿、专稿、特稿,国内、国际参考报道等;新形式的报道,主要是在新技术条件下兴起的网络、信息、音频、视频、手机短信等业务;办刊报道,旗下汇集了《新华每日电讯》《瞭望》《参考消息》《国际先驱导报》等一批报刊;办网报道,新华网内容以新闻为主,分为要闻专区和新闻专区两大板块,包括国内、国际、财经、证券、体育等类别,同时拥有多个地方频道,以及英、法、西、俄等多语种频道,已经发展成为一个综合信息服务平台。在国际传播方面,新华社每天 24 小时不断用中文、英文、法文、俄文、西班牙文、阿拉伯文、葡萄牙文和日文 8 种文字,向世界各地发布文字、图片、图表、音频、视频、手机短信等各类新闻和经济信息产品,覆盖的用户数量十分庞大。中国新闻社是中国以对外报道为主要新闻业务的国家级通讯社,是以港澳台同胞、海外华人华侨和外国友人为主要服务对象的国际性通讯社。中国新闻社履行传播职能的主要形式有:一是传统形式的报道,包括文字、图片、专稿等;二是新媒体报道,主要是网络信息、视频、手机短信等;三是对海外华文报纸供版;四是社办报刊。中新社每天 24 小时不间断向世界各地发布文字、图片、视频等各类新闻信息产品，并以汉语、英语、日语等多种语言文字向世界各地媒体和通讯社供稿。中国新闻社还是亚洲最早上网的中文媒体，其网址于 1995 年在香港创建。1999 年 1 月 1 日，中国新闻社总社在北京开办中国新闻网，并成为全球互联网中文资讯重要的原创内容供应商。

事实上，除了"两报、一台、两社"之外，大量的地方媒体也是中国价值国际传播的潜在渠道，而且地方主流媒体也在积极推进中国价值国际传播，特别是，沿边省份的主流媒体的确在中国价值国际传播方面做出了积极而有益的探索。

二 巧妙运用境外媒体

中国价值国际传播除了依靠国内主流国际传播媒体之外，还应该积极依托对象国媒体，以本土化的策略扎实推进。原因很简单，首先，从本国发往世界的信息，需要跨越来自政治、经济、文化等多方面的控制和阻隔，其落地率难以保证；其次，国内国际传播媒介所进行的中国价值传播即便是以对象国的语言和文字进行，也会因为信息生产环境和生产者固有的语言文化定式思维等，而也难以实现与受众群体的精准文化对接。因此，巧妙依托对象国媒体，运用对象国的思维方式推进中国价值国际传播具有重要意义。如何把运用境外媒体传播中国价值这篇"文章"写得精彩而有趣呢？从国内外相关经验来看，主要有以下几种路径。

一是依托境外媒体发布中国价值传播作品。2011 年 1 月 17 日，中国首部国家形象片亮相美国时代广场大屏幕，并持续滚动播出，向世界展示多元和丰富的中国形象。这次亮相，在国际国内都产生了良好的效果。对于美国受众而言，他们通过中国国家形象片感受到了朝气蓬勃、五彩缤纷、和谐富强的中国形象；对国内民众而言，此举无疑提振了文化自信。依托境外媒体推进主流价值国际传播是世界各国通用的办法，而中国国家形象片登陆美国之所以在国内引起强烈反响，既因为其具有强大的视觉冲击力和文化影响力，也因为中国在主流价值传播方面走出了重要的一步，它标志着中国以更加自信和大方的姿态融入世界。国家形象片登陆美国及其不同凡响的国际国内影响启示我们，在中国价值国际传播方面，应该紧密结合时代发展要求多做思考和多做探索，而且应该放弃一些定式思维，以本土化的策略和以文化交流的姿态来有礼有节地推介中国价值、中国方案、中国模式。对于中国价值国际传播而言，可以依托的境外媒体很多，可以采取的形式也有很多，我们可以根据不同的传播对象选择适合的境外媒体开展深度合作，并有效推进传播实践和改善传播效果。而如何切实将境外媒体建设成为中国价值国际传播的有效渠道，则取决于我们的传播理念是否符合世界文化发展规律，是否能够为世界媒体所接纳。一个有着五千年文明的大国所秉持的价值观难道不会为世界所欢迎吗？因此，推进中国价值国际传播之前，我们首先要坚定价值自信。

二是走出国门办媒体。走出国门办媒体是国际传播本土化的重要路径，也是开展主流价值国际传播最有效和最可靠的方式，其主要优势体现在可以根植传播对象国的实际情况，有目标、有计划地开展议程设置，以更好地实现传播目标。当然，走出国门办媒体面临着许多困难和问题：首先，需要跨越各国普遍存在的媒介控制藩篱，即便落地也会受到接受对象国的传播政策规制；其次，媒体不仅是舆论阵地，也是市场主体，要在他国市场上占据生存和发展的一席之地也面临巨大挑战。虽然困难不少，但是境外办媒体的可能性在愈加开放的国际环境中越来越大，而在当下也已经有不少成功的经验可以借鉴。此外，境外办媒体的方式和方法也是多种多样的，只要集中更多的智慧，付出更多的力量，便能够找到突围的好办法。需要看到的是在全球互联互通、新媒体技术风起云涌、自媒体发展朝气蓬勃的新时代，境外办媒体的形式也注定会越来越丰富多彩，而且给我们留下更加广阔的施展空间。

三是同境外媒体开展深度合作。世界媒体之间开展深度合作的空间和舞台非常广阔，而开展世界范围内的媒体合作，也是深化中国价值国际传播的重要路径。从中国价值传播的角度来看，在国际媒体合作方面可进行"三个探索"：探索版面、频道、栏目交换机制，相互推介优秀电视节目、影视剧等，实现本国优秀文化价值在他国落地传播，并以此深化内容合作机制；探索媒体之间合作开展传播活动的机制，合作双方通过组织新闻传播队伍到对象国采访、采风、体验等方式，深化媒体合作，并提升彼此之间的认知和理解水平；探索建立国际新闻合作联盟，促进媒体互联互通，从而为中国价值国际传播搭建更广阔的舞台。

三　建好国际交流平台

国际交流和中国价值传播看似泾渭分明，实则存在千丝万缕的联系。习近平总书记指出："我国成功走出了一条中国特色社会主义道路，实践证明我们的道路、理论体系、制度是成功的。要加强提炼和阐释，拓展对外传播平台和载体，把当代中国价值观念贯穿于国际交流和传播方方面面。"[1] 那么，如何让中国价值有机贯穿于国际交流和传播的方方面面呢？以下几点是至关重要的。

一要充分发掘大国外交的中国价值传播功能。作为世界大国，中国高层领导人的国际访问和国家重大国际性活动都会成为国际关注的焦点，这些外交活动中展现的形象，是国家形象，这

---

[1]《习近平谈治国理政》（第一卷），人民出版社，2018，第161页。

些活动中宣扬和传递的价值观就是中国价值的内容。因此，必须从国家形象建构和中国价值传播的高度开展好国家外交活动，做到一丝不苟和精益求精。最近几年来，中国十分重视外交活动中的国家形象建构与中国价值传播功能，并赢得了世界认可。举办的"一带一路"国际合作高峰论坛、中国国际进口博览会、中非合作论坛、亚洲文明对话大会等活动，在巩固与世界各国的友好关系的基础上，让"一带一路"倡议、构建人类命运共同体等中国智慧和中国方案为更多国家和地区的人民所接受，从而扩大了中国的朋友圈。随着这些大气包容的外交活动的举办，中国"富强、民主、文明、和谐"的国家形象，"自由、平等、公正、法治"的社会图景以及"爱国、敬业、诚信、友善"的公民态度都将化为美好的"中国印象"，渐渐深入世界人民的心中。

二要凸显公共外交的中国价值传播功能。除了气势恢宏的大国外交，多姿多彩的公共外交也是中国价值传播的重要渠道。公共外交中传递的中国价值对于大国外交中建构的中国形象既能起到巩固的正效应，又能产生破坏的副作用。这也就是说，在公共外交活动中，如果所有的参与者都能体现出"爱国、敬业、诚信、友善"的中国形象，那么自然对国家外交建构的国家形象是一种巩固和强化。相反，如果在公共外交活动中有参与者出现与中国价值不吻合的行为，则对大国外交建构起来的美好形象就是一种消解和破坏。因此，在开展公共外交活动的过程中，要对活动本身进行有效的规划，确保其能够成为展示中国价值的舞台，而且所有的参与者都应该树立强烈的国家形象代表意识，并展现"爱国、敬业、诚信、友善"的国民形象。

三要规范企业的境外生产经营行为。企业的境外生产经营行为也是中国价值传播的重要渠道，并且因为与国外民众的生活发生直接关联而显得更加重要。因此，有必要发挥主管部门、行业协会等多方面的力量，对企业的境外生产经营活动进行有效引领和规范，确保其生产经营活动成为展现中国价值的实践，确保参与企业生产的员工都成为践行中国价值的标杆和模范。企业如何在境外生产经营活动中展示和传播中国价值呢？首先，要尊重所在国家的法律制度和民族文化习惯，体现出文明古国和礼仪之邦应有的操守、气度与胸怀；其次，要做到诚信经营，切实提供物有所值的产品和服务，体现出宝贵的职业精神和敬业精神；最后，要体现出人类情怀，爱护所在国环境，尊重所在国人民，并力所能及地关注所在国民生，以实际行动体现建构人类命运共同体的价值情怀。

小 结

无论是面向国内受众还是面向国际受众，中国价值的有效传播都必须以强大的传播渠道作为依托和后盾。因此，渠道建设和终端受众对接已经成为决定传播效果的关键因素之一，也正是基于"渠道"的重要性，人们提出了"渠道制胜"的概念。审视近年来的中国价值传播渠道建设，成绩是令人欣慰的，在不长的时间内，我们已经建立起了包括印刷媒体、广播电视媒体、网络媒体和通讯社在内的传播体系，打造了立体化传播渠道平台，构建了全方位、多角度、宽领域的传播格局。但是，我们也不能故步自封，必须深刻认识到，在境外发射转播台、人力资源存量、技术保障、全球落地覆盖、驻外分支机构分布等重要指标方面，我们在全球传播格局与体系中仍然处于明显的下风，而短板十分明显，"西强我弱"的国际舆论格局并没有发生根本性转变，中国价值世界表达仍然面临着诸多问题和困难。如何"破局"呢？唯一的路径便是提升中国价值传播的渠道建设水平，切实打造结构合理、功能强大、运转顺畅、彼此支撑、相互连通的渠道体系。为此，我们要切实做到"内外兼修"。

对内，我们要苦练内功，将国内传播渠道做大做强。毫无疑问，虽然在不断深化的改革实践中，我国传媒业逐渐呈现集团化和集约化特点，但"各自为政、小而多、零而散、结构失衡"的状态还没有根本改变。为此，我们要切实以改革创新的精神，乘着全面深化改革的"东风"，打破各自为政的传媒格局，革新低效率的传媒管理体制，推进跨区域、跨媒体、跨所有制的媒介重组，实效传播稀缺资源的优化配置和跨平台融合，以不断练好媒介产业集团"内功"，并逐渐培育出一批具有世界竞争力的"传媒航母"，承载着中国价值走向更遥远的"深海"。

对外，我们要兼收并蓄，打破中外渠道壁垒。中国价值国际传播的过程必然也是传播渠道不断向境外延伸的过程。如何打通渠道壁垒呢？我们首先要深入研究对象国的相关政策，在其政策允许的范围内制定策略，并综合运用"独资直接落地境外""资本运作迂回介入""借对象国主流媒体合作交换进入""联合华文媒体借船出海""借助网络媒体长驱直入"等多种路径和方法[①]，开拓中外结合的渠道建设和拓展之路。

对于中国价值传播而言，除了强大的、专门的媒介渠道之外，可以说每个中华儿女都是中国价值传播的载体，因为我们的言行举止都会和中国价值产生深度关联。因此，我们在媒体渠道建设方面"苦练内功"和"内外兼修"的同时，还必须加强对公民的媒介素养教育，让媒介真正发挥作用，让技术造福生活，让更多的中华儿女成为中国价值的代言人。

[①] 陶大坤、丁和根：《中国对外传播渠道建设之路径选择》，《当代传播》2010年第5期。

第七章　中国价值传播效果

追求传播效果最大化是中国价值传播体系建构的初衷，也是贯穿中国价值传播实践的主线。然而，如何对中国价值传播效果进行科学、全面和准确判断，并以此为基础，不断修正、优化和创新传播策略呢？这是当前亟待解决的问题，探索和完善效果评价机制也是中国价值传播体系建构的应有之意。

第一节　效果研究理论概述

传播效果指的是传播主体的传播行为实现其意图或目标的程度。学术界对传播效果的研究和认识，经历了一个逐步深化、拓展和升华的过程，而在这一过程中，也产出了不少具有理论和实践价值的成果，推动着人们不断深化对传播规律的认知与理解。

一　"沉默的螺旋"理论

1984年，在综合前期研究的基础上，德国社会科学家伊丽莎白·诺尔-诺依曼出版了《沉默的螺旋：舆论——我们的社会皮肤》一书，其中明确提出了"沉默的螺旋"理论。"沉默的螺旋"的核心概念是，大众传播媒介在影响大众意见方面能够产生强大的效果，而其中又包括三个重要命题。

一是个人意见体现的是人的"社会属性"。一个人在表达个人意见的时候，其实他发出的并不一定是内心真实的声音，因为人们在表达自己的观点时，总是要观察周围的意见环境，并判断自己是处于"多数意见"群体还是"少数意见"群体，当发现自己的观点属于"多数意见"时便会积极发言，而属于"少数意见"时便会将在喉结里面打转的"意见"咽下，并保持沉默或者重新组织观点，成为"多数意见"的一方。

二是"沉默"的扩散是一个螺旋式的社会传播过程。在传播实践中，"少数意见"的"沉默"必然导致"多数意见"的张扬，而"多数意见"的张扬，又必然导致"少数意见"愈加"沉默"，进而形成"多数意见"越来越壮大，而"少数意见"越来越微弱的社会舆论形态。为此，诺依曼将"舆论"定义为"那些能在公开场合发表出来且不会受到孤立的、对有争议的问题的意见"①。

三是舆论的形成主要依托"意见环境"的营造。在诺依曼看来，舆论的形成并不是"理性讨论"的结果，而是社会大众在"意见环境"影响之下，为了避免陷入"孤独"而附和"多数意见"的非理性的产物。那么，神通广大的"意见环境"是如何生成的呢？诺依曼认为，除了一般的可直接感知的个人议题外，大众媒体在"意见环境"的营造方面发挥着十分重要的作用。

"沉默的螺旋"理论是集体智慧的结晶，"多元无知论""镜像理论""FC效果"这些用以描述社会现象的理论为其提供了丰富的营养。②"沉默的螺旋"理论在关注现象的基础上，进一步考察了舆论的形成机制，并分别阐述了媒体与个人在舆论形成中的

---

① 张国良：《20世纪传播学经典文本》，复旦大学出版社，2003，第535~546页。
② "多元无知""镜像理论""FC效果"等概念通常用来描述一种社会现象：在一个群体中，如果许多个人不能相互交流私人的意见，且反对意见不以明确、强烈的形式表现出来，他们就会以为大家的意见都是一致的，从而认为他们属于持不同意见的少数派。当允许强有力而又畅所欲言的少数派将一种错误的舆论强加于人们时，多数派或许私下里也会持相同的看法。而"沉默的螺旋"阐述的也就是类似现象。

互动作用。"沉默的螺旋"理论被提出后，就引起了学术界的普遍关注，许多学者从传播学和社会心理学的层面对它展开了后续性、验证性研究，且其科学性得到了多个维度的证实。

二 "涵化分析"理论

"涵化分析"理论又称培养理论或教化理论，其核心观点是：社会要作为一个统一的整体存在和发展下去，就需要社会成员对该社会有一种"共识"，也就是对客观存在事物以及各种事物、各个部分的相互关系要有大体一致或接近的认识。[①]

培养理论的兴起可以说是对电视作为新媒体迅速普及、流行并产生强烈社会影响这一现实的理论回应。作为一种新的媒介形态，电视在 1939 年的纽约世界博览会上首次亮相，但是，战火中的人们似乎没有预料到它会在日后成为风靡全球的媒介形态。战争的硝烟散尽，世界如同大火过后的原野一样，逐渐呈现新的生机，而技术臻于成熟的电视，伴随着新的社会成长起来，并释放出强大的社会影响力。同时，人们也关注到电视节目作为电视载体传播的内容，深刻地影响着社会发展，尤其是一些不良电视节目带来了社会暴力增加等一系列负面效应。为了弄清楚媒介、个人和社会暴力增加之间的关系，美国在国家层面启动了两次媒介调查。[②] 作为"培养理论"的缔造者，格伯纳是这两次调查的主要成员，他通过三个步骤进行研究：第一步是对美国三大电视网（ABC、NBC、CBS）在 1967 年至 1978 年播出的 1548 部电视剧进行了详细的内容分析，重点关注其中一以贯之的形象、主体和价值观，并在此基础上形成关于受众的社会现实的问题；第二

---

① 参见程曼丽《国际传播学教程》，北京大学出版社，2006。
② 第一次是国家暴力起因和防治委员会分别在 1967 年和 1968 年进行的调查；第二次是美国卫生局科学咨询委员会在 1972 年进行的关于电视与社会行为的调查。

步是运用第一步中形成的关于受众的社会现实的问题，深入广泛地开展受众调查，并重点关注受访者消费电视节目的程度；第三步是比较看电视多的人与看电视少的人的社会现实差别，进而总结提炼出电视节目对个人价值和行为的影响程度和规律。在这些研究的基础上，格伯纳得出了"培养理论"的中心结论："电视'培养'或创造了一个世界观，这个世界观尽管未必准确，却轻而易举变成了现实，作为电视观众的人，会相信现实的确如此，并根据这样的'现实'对自己的日常生活做出判断。"①

"培养理论"关注大众媒介长期的、累积的传播效果，并凸显媒介长期对受众产生的潜移默化的影响，既承认大众媒体的影响力，又强化受众的主动性，较为客观真实地展现了媒介和受众之间的关系。

三 "知识沟"理论

随着传播技术的发展，媒介在公共信息传播方面的强大力量逐渐体现出来，而社会的现实是，不同阶层的受众获取信息的机会并不一样，于是"知识沟"理论作为一种假说被提出了。"知识沟"理论的核心是：随着大众传媒向社会传播的信息日益增多，社会经济状况较好的人将比社会经济状况较差的人以更快的速度获取信息。因此，这两类人之间的"知识沟"将呈扩大而非缩小之势。②

"知识沟"理论是美国传播学者蒂奇诺等提出的，而在"知识沟"产生的原因方面，他们做了五个方面的总结：一是社会经济状况好的人和社会经济状况差的人在传播技能上是有区别的，

---

① 参见刘俭云、祁媛、王昆《传播学导论》，中国社会科学出版社，2016，第356页。
② 吴文虎：《传播学概论》，武汉大学出版社，2000，第289页。

那些经济状况较好的人，往往文化程度比较高，因而在诸如阅读、理解、记忆等信息处理方面的能力也比较强；二是社会经济状况好的人基于其所受的教育，可能对某个问题早有了解，或者也可能通过以往的媒介接触而对此有更深入的了解，从而导致在现存的信息数量或先前获得的背景知识方面也存在差异，导致对信息的理解程度不同；三是经济社会条件好的人可能与同样了解公共事务和科技新闻的人有交往，并且可能与他们就此类问题展开过讨论，进而有更多的相关社会联系，从而加深信息了解的深度；四是社会经济状况较差的人可能找不到与他们的价值观与态度相协调的涉及公共事务或科技新闻的信息，从而导致他们对此类信息毫无兴趣；五是印刷媒介上的许多公共事务和科技新闻以及印刷媒介本身就是以较高社会阶层的人及其兴趣和口味为定位的。可见，"知识沟"理论提出了一个非常重要的命题——信息量的无限增大并不能带来社会信息享有权的均衡，其结果只能是使有信息特权者获得的信息比没有信息特权者获得的信息更多，而且越来越多，因此，两者之间的差距不断拉大。

"知识沟"理论对以报纸、广播、电视为代表的大众媒介的传播效果进行了反思，将人们从"信息供给的增多能够带来信息获取均衡"的假象中唤醒，具有较强的现实意义。同时，这也启迪着人们去反思：是否无节制地推出海量信息就能捕获受众呢？事实上并非如此，过量的信息只会让人迷茫，而不会变得清醒和有智慧。有时再丰富的信息也流不进那些自我封闭的小团体，他们因为固有的知识结构、生活境地、价值观念而形成狭小的信息池，与风云变幻的信息海洋无所牵涉。

除了"沉默的螺旋"理论、"涵化分析"理论、"知识沟"理论之外，关于传播效果的理论还有很多，它们犹如五彩缤纷的花园中盛开的美丽花朵，一起丰富着学术世界。

第二节　中国价值国内传播效果分析

即便以中国共产党第十八次全国代表大会正式确立社会主义核心价值观为起点，新时代的中国价值传播也已走过近十年的求索之路。中国价值的国内传播获得了怎样的效果？有哪些成功的经验和失败的教训？对这些问题的深刻反思和科学回应，有利于进一步提升传播效果，也是中国价值传播体系建构的题中应有之义。"传播效果"的科学评判有赖于建立一个科学全面的效果认知体系，汲取中外效果分析理论的丰富营养，我们认为可以从几个维度拓展中国价值传播效果认知的深度和广度。

一　传播效果的内涵和结构

（一）传播效果的内涵

何谓传播效果？关于这一问题，很多研究者经常从微观和宏观两个角度进行考量[①]：在微观层面，它指的是带有说服动机的传播行为在受者身上引起的心理、态度和行为的变化；在宏观层面，它指的是传播活动，尤其是报刊、广播、电视等大众传播媒介的活动对受者和社会所产生的一切影响和结果的总和。微观维度和宏观维度相互联系又彼此区别，是全面考察传播效果的两扇门。对于国家文化软实力建设的重要内容——中国价值传播，我们也需要从微观和宏观两个层面审视和认知其实现的效果。

从微观层面来看，中国价值国内传播效果就是指政府、媒体、学校、企业、社会群体以及个人等各传播主体实施的、以中国价值传播为目的的传播行为在传播对象身上引起的对中国价值的关注程度、认知深度、践行力度的变化。而从宏观层面上看，

[①] 郭庆光：《传播学教程》，中国人民大学出版社，1999，第188页。

中国价值国内传播的效果主要体现在经过各传播主体广覆盖、大力度的传播之后，中华民族的凝聚力显著增强，国家文化软实力明显提升，中国的现代化建设大有进步，中国公民的整体素质明显提高等方面。

那么，作为一种隐性的、累积性的体现，中国价值传播的效果如何体现呢？我们认为，根据发生的逻辑顺序，中国价值国内传播效果主要体现在认知、心理和态度三个层面。其中，认知层面的效果是指发生在人们的知觉和记忆系统，进而引发知识量增加和知识结构变化的效果，具体而言，就是对三个层面"24字"的社会主义核心价值观有清晰认识；心理层面的效果是指作用于人们的观念或者价值体系，进而引发情绪和情感变化的效果，具体而言，就是要实现为了建立"富强、民主、文明、和谐"的国家和"自由、平等、公正、法治"的社会而努力奋斗，努力成为"爱国、敬业、诚信、友善"之合格公民的情感认同；态度层面的效果是要将对社会主义核心价值观的内容认知和情感认同转化成行为实践，具体而言，就是在国家建设、社会治理、公民培育等维度贯彻落实社会主义核心价值观。

（二）传播效果的结构

中国价值国内传播是国家文化软实力建设的重要内容，要全面把握其内在机制，除了考量其微观和宏观层面的内涵外，还需要深入剖析其基本结构。关于中国价值国内传播效果的基本结构，我们认为应该包括以下几个要素。

一是认知程度。对于中国价值传播实践而言，传播效果首先体现在受众对中国价值的认知程度上。中国价值传播实践首先是一种知识分享。从知识分享的逻辑来看，中国价值要成为全社会共享的知识，一般要经历"传播信息—收到信息—吸收信息—形成知识—掌握知识—筛选知识—评价知识—创新知识—传播知识"的过程，而传播效果最为直接的体现，就是有关中国价值的知识在传播和分享的过程中尽量减少损失，尽可能完整真实地到达受众，且尽可能全面地为受众所接受，并转化为受众的知识储备，形成一个新的传播源，由此在总量上积累知识、深化知识和创新知识，让社会主义核心价值观在社会传播实践中变得丰富多彩、更接地气、更贴近大多数人的心灵。

二是能力提升程度。作为一种知识传播和分享的过程，中国价值的有效传播代表着受众认识世界和改造世界的能力不断提升，而这种能力是多元的，其中包括正确认识和理解事物的能力、运用知识和经验解决问题的能力、思辨和创造能力、观察和判断能力等。因此，受众能力的提升也必然成为检验中国价值传播效果的重要指标。

三是价值水平提升程度。中国价值传播本身就是价值引领，因此，在其传播效果基本结构中，价值水平提升程度是标志性的要素。中国价值传播的水平提升程度一般体现在两个方面：其一指传播的内容对于受众所具有的健康向上的激励作用，通常表现为理智的、道德的、审美的水平提升；其二是传播内容所引起的受众观念的改变，如人生观、世界观、价值观等。

四是态度变化的程度。中国价值传播实践通过长期的信息传递，能够潜移默化地改变人们看待社会问题、政治问题的态度和方式，也能让更多的中国公民更加坚定中国的道路自信、理论自信、制度自信和文化自信，从而以更加坚定的步伐，为中华民族伟大复兴的中国梦而努力奋斗。

五是行为改变的程度。中国价值传播的终极目标是影响受众行为，因此，受众的行为改变是中国价值传播效果最直接的体现。行为泛指有机体的所有活动，通常分为外显性行为和隐蔽式行为，具有复杂性特征。中国价值传播实践通过有效整合大众媒介和人际传播力量，运用多种手段和方法，让中国价值的内涵和精髓深入受众心灵深处，进而改变其认知、心理和态度，成为中国价值的坚定信仰者、积极践行者和主动传播者。

总之，中国价值国内传播效果的体现是多向度的、隐蔽性的、长效性的，因此，对其进行评价需要避免急功近利的陷阱，努力构建一个全面系统的测评体系，以更科学地考察和认知传播实践的实际效度，并更准确、更科学地反作用于传播实践，以构建更加完美的中国价值传播体系。

二　传播效果分类及影响因素

（一）传播效果分类

无论是从微观角度分析还是从宏观视角审视，中国价值国内传播效果都是一个抽象概念，因而，要对其进行深入研究，还需要进行科学分类。那么，如何对传播效果进行科学分类呢？不同的学者站在不同立场从不同视角进行了研究，并提出了一些富有见地却莫衷一是的观点。在关于传播效果纷繁复杂的分类理论中，英国学者戈尔丁的观点得到了较为广泛的认可。戈尔丁从时间和意图两个维度出发，将传播效果划分为短期的预期效果、短期的非预期效果、长期的预期效果和长期的非预期效果四种类型。作为诸多传播实践中的一个特例，我们也可以按照戈尔丁的理论，从时间和意图的维度，将中国价值传播效果同样分为四种类型。

一是短期的预期效果。中国价值传播短期的预期效果是什么呢？那就是要确保中华儿女尽快熟悉三个层面"24字"的内容，对社会主义核心价值观形成感性认知。经过一段时间高强度、全覆盖、无死角的推广传播，社会主义核心价值观的主要内容已经被社会大众广泛认知和认可，可以说中国价值传播的短期预期效果已经实现。

二是短期的非预期效果。短期的非预期效果是指受众在接受信息之后发生的、在传播者意料之外的模仿或者学习行为，可能是正向的，也可能是反向的。社会主义核心价值观国内传播的短期非预期效果是激发全体中华儿女前所未有的传播热情，人们通过自媒体等新平台、新媒介，充分发挥积极性、自主性、创造性，让作为主流价值建设重要内容的中国价值传播实践变得生动、多彩和有趣，并且充满着民间智慧。

三是长期的预期效果。长期的预期效果是指关于社会主义核心价值观长期传播而产生的与传播主体意图符合的累积效果。具体而言，就是经过长期有效的宣传，社会主义核心价值观三个层面"24字"成为全体中华民族的国家理想、社会理想和公民准则，并努力建设"富强、民主、文明、和谐"的国家，构建"自由、平等、公正、法治"的社会，争当"爱国、敬业、诚信、友善"的公民。

四是长期的非预期效果。对于中国价值传播而言，长期的非预期效果指的是日常的、持久的传播活动所产生的客观效果和综合效果。它是在长期的传播活动中积累起来的，同样有正向效果和反向效果的区分。对于中国价值传播而言，我们传播的是正能量，依托的是主渠道，因而注定会有长期的非预期效果，但是可以断言，这种效果一定是正向效果，是坚持的力量带来的传播附加值。

（二）影响传播效果的因素

大众传播效果的形成受制于各种因素，而作为一项没有终点的宏伟事业，我们必须认真分析其影响因素，以扬长避短，丰富传播实践，提升传播效果。从传播学的基本理论和实践出发，影响传播效果的关键因子有如下几个。

一是信源的可信性和知名度。关于信源的可信度与传播效果之间的联系，美国传播学者霍夫兰做了两次实验进行考证。这两次实验的核心是，将相同的内容写成说服性文章并冠以可信度高低不同的信源名称，然后考察其传播效果，而实验结果证明，信源可靠性与传播效果之间存在密切联系：信源可靠性程度越高，传播效果越好。同样，哥伦比亚学派的研究也证明，信源的可靠性同可信度一样，与传播效果成正比。对于中国价值传播而言，信源可靠性和知名度与传播效果之间的密切关系留给我们两点启示：一是要确保社会主义核心价值观传播取得良好效果，必须把政府公信力建设放在十分重要的地位，确保我们传播产品所构筑的形象与社会现实基本吻合，以确保传播公信力，让受众"真信"；二是要根据信息内容选择最佳发声主体，并以此提升信源可信度，让传播者更加贴近和亲近受众。新冠肺炎疫情防控期间，主流媒体发布信息的可靠、准确、真实，使人们从中感受到了政府切实回应群众的反映及想法，稳定了人心。此外，主流媒体在发布信息时，若能经常邀请到顶尖专家，则受众就能够高效地获得有效信息并掌握相关知识。根据艾瑞咨询发布的《2020年中国新型主流媒体发展案例研究报告》，疫情突袭而至后超八成群众对主流媒体发布的权威信息更加重视。这也说明，随着社会环境、国际局势等日益复杂，信源的可信度与知名度在当下这个信息爆炸的时代显得越来越举足轻重。

二是信源的动机。众多研究实践还表明，传播者的动机与传播效果也息息相关，如果传播的目的是利己的，那么传播效果就会大打折扣；相反，如果传播目的是利公的，那么传播效果就会更好。中国价值传播的目的当然是实现中华民族的福祉，其中包含着大公无私的家国情怀以及推动中华民族伟大复兴的殷切期盼。在具体传播实践中，我们要以更加生动、更加艺术的方式将这种情怀与期盼表达透彻，在避免落入僵化生硬的政治说教窠臼的同时，也要加快构建中国话语和中国叙事体系，用中国理论阐释中国实践，用中国实践升华中国理论，打造融通中外的新概念、新范畴、新表述，更加充分、更加鲜明地展现中国故事及其背后的思想力量和精神力量。

三是传播技巧。传播效果的好坏还与传播者的传播技巧有着十分紧密的关系。传播技巧越高超,传播效果就越好;传播技巧一般,传播效果也难突出,甚至还会弄巧成拙。中国价值传播同样需要讲究技巧、讲究艺术、讲究策略,而这些正是中国价值传播提质增效的努力方向。

总之,中国价值传播效果评价体系是一个多向度、多层面的结构体系,而系统分析和研究这一体系有利于我们更全面地考察和认知传播效果,并以此为"镜"更准确地透视和反观传播实践,在总结经验和查找不足中优化传播活动,提升传播效率。

三 传播效果测评方法

在系统把握中国价值传播效果的内涵、结构及影响因素的基础上,我们还需要系统探索中国价值传播效果测评方法,以便能够以更具体、更系统、更清晰的路径,对其进行更科学、更全面、更真实的把握。基于中国价值传播效果必然体现为宏观和微观两个层面的思考,我们可以设定如下方法来测评其效果。

一是凝聚力测评法。中国价值传播的首要目标是深化受众对中国价值的理解和认同,并成为凝聚社会共识的"最大公约数"。因此,中华民族的凝聚力提升与否,是中国价值传播效果测评的第一指标。如何对民族凝聚力提升与否进行量化研究呢?有学者从民族成员对民族、国家和社会的热爱程度三个维度进行考察,提出了"年度民族凝聚力指数"概念,以解决民族凝聚力的纵向和横向比较难题。[①] 这种方法具有一定的科学性和较强的可操作性,我们可以借鉴用以测评中国价值传播效果。

---

① 陈伟群:《中华民族凝聚力量化测评指标体系及方法探讨》,《中央社会主义学院学报》2006年第4期。

二是受众认知测评法。中国价值传播效果的实现路径是通过影响作为国家和社会建设者的公民而达到影响社会的目的，因此在宏观层面考察民族凝聚力以测评中国价值传播效果的同时，也需要通过受众调查法从微观层面测评传播效果。受众调查可以从更具体的角度切入。比如，考察受众对中国价值观的认知变化、心理变化等。同时，也可以通过追踪调查等路径，对受众的价值倾向变化做横向和纵向比较，以实现对中国价值传播效果的量化研究。

三是受众行为测评法。中国价值传播的最终目标是引领中华儿女能够以爱国之心呵护国家、以敬业之行坚守岗位、以诚信之行融入社会、以友善之行与人交往，因此，考察受众行为变化是中国价值传播效果最直接的测评方法。如何开展受众行为测评呢？我们可以通过科学抽样，选取一些有代表性的受众，从爱国、敬业、诚信、友善这四个维度，连续几年对其行为进行量化测评，并通过年度测量测评数据变化考察中国价值传播对受众行为的影响。当然，受众行为是一个非常复杂的概念，通过抽样调查，从四个角度审视其行为也只是途径之一，但对于中国价值传播效果研究而言，仍不失为可行之举，如果精细工作、持续观察，同样能够收获"拨开云雾见明月"的惊喜。

总之，在中国价值国内传播实践中，效果研究是终点也是起点。作为终点，它可以帮助我们有效审视传播实践是否贴近受众需求和是否符合传播规律；作为起点，它有利于我们对传播实践进行优化和提升，以便取得更好的传播效果，实现传播目标。因此，必须把效果研究作为中国价值传播体系构建的重要环节抓紧、抓好、抓实，并推动传播行为的优化和传播水平的提升。

第三节　中国价值国际传播效果研究

中国价值传播从来都是双向度的，除了以凝聚社会共识为目标的国内传播之外，还包括以获得国际理解和认同为目标的国际传播。当然，由于客观存在的"内外有别"，所以，在考察传播效果的时候，对国内传播和国际传播还是需要采用不同的视角和标准。中国价值国际传播作为中国价值传播体系构建的重要内涵，我们同样需要探讨中国价值国际传播效果认知体系。

一　传播效果分类

中国价值国际传播效果是指中国价值国际传播主体所开展的传播实践在海外受众那里所产生的结果。与国内传播效果一样，中国价值国际传播效果也包括两个层面：一是微观层面的效果，指的是传播行为引起的受众心理、态度和行为变化；二是宏观层面的效果，指的是传播活动对受众及其所在国家和社会产生的影响。为了系统考察国际传播效果，研究者们还从时间、性质以及传播意图吻合度等维度出发，将其分为短期效果和长期效果、正面效果和负面效果、预期效果和非预期效果。与国内传播相比，中国价值国际传播是跨疆域、跨文化的传播，具有特殊的复杂性，其传播效果往往体现得较为缓慢，因此，考察其效果的最佳路径是从时间的维度，分析其短期和长期效果。

一是短期效果。中国价值国际传播的短期目标是要让世界认识到中国有自己独立的思想观念和价值体系，这是一个关乎中国的国际地位、关乎中国的文化自信的重要的问题。论及中国价值国际传播，我们总会想到撒切尔夫人曾经刺耳但发人深思的断言："中国不会成为世界超级大国，因为中国今天出口的是产品，而不是思想观念。即使中国在快速的经济崛起，充其量也只能成为一个物质生产大国,但是在精神文化生产和创新乃至输出上仍然是个无需重视的小国。"① 事实上,在很长一段时间内,撒切尔夫人的论断是国际社会,特别是西方国家对中国的普遍认识。而今天,我们向世界表达和传播中国价值,就是要打破世界对中国的印象,让"中国精神"屹立于世界东方,让人们认识到,在世界精神和价值的广阔空间里,除了有西方所谓的"普世价值"之外,还有扎根于数千年文明的博大精深的中国价值。这正是中国价值国际传播的首要目标,我们要通过富有创新性、创造性的传播实践,打破政治、经济、文化和技术的重重壁垒,使国际社会承认当代中国价值观念的客观性。

二是长期效果。中国价值国际传播的长期效果,就是指中国价值传播主体以各种途径和手段长期面向海外受众传播所产生的积累效应。作为一项具有特殊的复杂性的传播活动,中国价值传播不仅仅要追求扩大国际社会认知范围的短期效应,更要追求深化国际社会理解和认同的长期效应。国际社会对中国价值的理解和认同如何体现呢?我们可以从对象国政府态度、对象国媒体言论、对象国民众反应等角度来衡量和判断。

对象国政府的对华态度变化是衡量中国价值传播效果的首要指标。中国价值国际传播本质上是以国家战略目标为引领的跨国传播,是政府间沟通和互动的隐性途径和有效方式。中国价值国际传播的首要目标是以价值传播为途径促进了解、增强互信和形成互鉴。因此,对象国政府对华态度是否改变和是否发生正向改变是衡量其传播效果的首要指标。如何衡量对象国政府对华态度的转变呢?我们可以从对象国政府首脑的对华言辞与评价、对象国与中国国际事务合作情况、对象国与中国的经贸往来水平、对

---

① 萧盈盈:《中华文化走出去的现状分析与发展思考》,《现代传播(中国传媒大学学报)》2012 年第 1 期。

象国与中国的公共外交活跃程度等维度，量化对象国政府对华态度转变的向度与幅度，从而对中国价值传播效果进行科学评判。

对象国民众对于中国信息的反应和评价是衡量中国价值传播效果的重要依据。显然，中国价值传播的有关信息是否能够得到受众的欢迎和喜爱也是中国价值传播效果衡量的重要指标。因此，我们要切实以社会学观察法、典型调查法、统计调查法等科学手段准确而系统地了解对象国受众对中国价值传播有关信息的反应和评价，并以此作为优化传播实践的重要依据。问题是，面对跨疆域、远距离、多元化的受众，如何才能有效把握受众对中国价值传播信息的接收情况和所持态度呢？解决这个十分复杂的问题必须尽可能地依托本土机构，而依托本土机构开展的中国价值传播效果研究又必须解决其中容易产生的准确性难以保障和保密性差等问题，探索形成具有科学性的高效率的中国价值国际传播效果评判机制。

对象国主流媒体的对华态度是中国价值国际传播效果的综合体现。舆论是我们的"社会皮肤"，它不仅让个人感知社会"意见气候"的变化以调整自己的环境适应行为，而且能够在维持社会整合方面发挥重要作用，防止由于意见过度分裂而引起社会解体。作为舆论的一种形态，对象国主流媒体的对华态度是中国价值国际传播效果的综合体现，透过"舆论之镜"，我们能够洞察对象国政府、民众和社会组织的"中国印象"，并以此作为重要指标，对中国价值国际传播效果做出科学评价。然而，考察中国价值国际传播对象国主流媒体的涉华言论是个体力和脑力活，需要进行大量数据的收集和整理，以科学的手段和方法从杂糅多样的"态度表象"中抽象出具有代表性的"意见气候"并把握起源于传播实践的"气候变化"特征。虽然困难重重，但是我们依然有足够的理由去细细考察作为"社会皮肤"的舆论，因为透过这层富集着"情绪"与"好恶"的"皮肤"，我们能够较为准确和清晰地把握一个国家和社会的对华态度。虽然影响对华态度的因素有很多，牵涉国家利益、历史文化、意识形态等，但客观了解对象国主流媒体的对华态度，有助于我们在进行中国价值传播时知己知彼，顺势而为，灵活调整传播策略。

总之，中国价值国际传播面临着政治、经济、文化等多重壁垒，要突破这些壁垒，就需要我们投入更多的智慧和力量，并以务实有效的举措提升传播效果，将文明大国、东方大国、负责任大国和社会主义大国的国家形象以鲜活的、生动的、令人喜爱的方式展现给世界。

二 传播效果影响因子

如何提升中国价值国际传播效果？哪些因素影响中国价值国际传播效果提升？对这些问题进行系统研究，有利于我们在薄弱环节加强，在关键环节发力，在重点环节创新，以不断优化传播策略。汲取国际传播相关理论的养分和启示，立足中国价值国际传播面临的新形势、新任务和新要求，我们认为新时代中国价值国际传播的影响因子主要集中在如下几方面。

首先，国家综合实力是决定性因素。中国价值国际传播既是文化软实力建设的重要路径，也是综合国力的集中展示，综合国力强的国家，其国际传播一定是坚实而有力的；综合国力一般的国家，其在核心价值传播领域的表现也不会太优秀。可见，核心价值传播与国家综合实力之间存在相辅相成的关系，而我们可以从"硬实力"和"软实力"两个维度来系统探讨和深入认识两者之间的内在联系。

从"硬实力"的角度来看，有效推进国际传播需要打造一个系统完备的国际传播体系，这需要大量的基础设施建设投入，需要先进的传播技术支撑，需要大量的优秀人才加入，没有强大的"硬实力"自然难以构建起具有强大传播力的国际传播体系，传播效果自然也难以如愿。相较于其他领域的国际传播，中国价值国际传播输出思想、输出文化、输出价值，带有十分鲜明的意识形态特征，关涉国家发展战略，只有依托强大的国家"硬实力"，依靠强大的国家内动力，才能够较好地履行传播使命。可见，强大的"硬实力"有利于提升中国价值传播效果，而中国价值传播效果的增强又有利于中国"软实力"的增强，从而为"硬实力"的进一步提升营造氛围和创造条件。在审视"硬实力"的硬支撑的同时，我们还应该关注"软实力"的柔支持，而这需要从对"软实力"的概念认知入手。什么是"软实力"呢？软实力就是一个国家除了经济、科技、军事等硬实力之外，包括文化创造力、意识形态影响力等在内的国家力量。同样，一个国家"软实力"的强弱与综合国力的强弱也有密切关系。纵观世界，我们很难找到一个政治、经济方面积贫积弱，却在文化和意识形态领域表现得异常突出的国家，相反，那些综合国力强大的国家，在文化创造和意识形态领域也总是有所斩获。而强有力的"软实力"又总是为"硬实力"的提升奠定十分坚实的精神和文化基础，不断为综合国力的提升注入原动力。

其次，传播理念和技巧是关键性因素。中国价值传播主体是以政府为主，包括媒体、政府、学校、企业、民间团体乃至个人在内的综合体，而各主体的传播理念和传播技巧如何在很大程度上决定着传播效果的好坏。从传播理念的角度来看，国际传播是跨文化、跨疆域的传播，与国内传播有着天壤之别，因此，必须摒弃我们固有的已经僵化的宣传模式和话语体系，坚持做到在传播方式上融入世界话语体系，改变以传播者为本位的表达方式。如何寻找能融入世界的话语体系呢？首先就是要具有世界眼光和人类情怀，杜绝意识形态上社会主义和资本主义"二元对立"的冷战思维。这一点，在以政府为主体的传播实践中需要特别重视，我们必须时刻提醒自己，国际传播的目标是求得理解和支持，而非意见灌输，否则会引起对象国政府和民众的反感，进而影响传播效果提升。从传播技巧的角度来看，在受众崛起的时代，分众传播已经成为不可抵挡的潮流，而在国际传播领域，受众更是具有绝对主体地位，若认识不到这一点，哪怕付出再多的努力，国际传播也只能是自说自话。因此，在国际传播的过程中，必须讲究技巧，不仅要坚持"一国一策"的目标精准传播，还要针对特定的传播对象，采取特别的传播策略。

最后，对象国政府和民众的对华态度是重要因素。中国价值国际传播的效果与对象国政府和人民对华态度有十分密切的联系。很显然，如果对象国政府和人民对华友好，那么，中国价值传播的效果就会好。相反，如果对象国政府和人民对华反感甚至敌视，那么，中国价值传播就会阻力重重，无功而返，甚至还会产生负面效果。对象国政府和人民的对华态度影响中国价值国际传播效果的表现是多方面的，也是显而易见的。一是，从政府对境外信息控制的角度来看，对我们友好的国家，对我们与其之间的信息交往，通常会少一些管控，因此，民众能获得的信息也就越真实、越全面、越充分，并能对中国价值做出更科学、更全面、更深刻的判断，进而进一步增进对中国的理解与信任；二是，从多主体参与中国价值传播的可能性来看，在友好国家之间，政府间才会有更多互利共赢的交往与合作，企业间才会有更多互惠互利的经贸往来，民众间才会有更多深情厚谊的交往，而广泛和繁荣的政府合作与民间交往又会吸引双方的大众媒介彼此关注，并促进两国政府和人民的相互理解、彼此信任，从而实现中国价值传播水平的大幅提升。

总之，中国价值国际传播效果的提升受制于多重因素，而科学分析和精准把握这些因素，有利于我们不断优化传播策略，持续提升传播水平，对于增进国际社会对中国的理解、支持和营造积极健康的发展环境具有重要作用。

三 传播效果的评估方法

受众调查是中国价值国际传播效果测评的重要路径,但是面对横亘在传者与受者之间的国家界限、文化鸿沟和语言障碍,如何架起双方沟通的桥梁呢?在充分考虑中国价值传播特殊性的基础上,本书提出的测评方法有如下几个。

一是内容分析法。作为一种非介入性的研究方法,内容分析非常适用于国际传播效果研究,而中国价值国际传播效果因其鲜明的意识形态属性,更需要通过内容分析来了解受众在行为模式、态度、观念或是价值观方面的变化,并以此对传播效果有清晰判断。那么,在中国价值传播效果研究实践中,哪些内容可以作为分析的对象呢?本书认为可以通过两个方面的内容分析来对中国价值的国际传播效果进行测评。首先是对象国的媒体态度。通过对对象国的主流媒体涉华内容分析,进而了解中国在国际社会中的形象、声誉、影响力以及整体的传播效果,是中国价值国际传播效果测评的重要途径,也是国际通用的国际传播效果测评方法。在使用内容分析测评中国价值传播效果的过程中,要抓住两个关键点:首先是要科学选择媒体,其中要包括亲华媒体、中立媒体和反华媒体,使媒介的选择具有科学性和代表性;其次要持续关注所选媒体在一段时间内涉华报道的数量、报道特点、报道倾向等方面的内容。其次是对象国新媒体涉华内容分析。在万物互联的新传播时代,作为民众意见汇集的广阔平台,新媒体平台的影响力越来越大,并越来越深刻地改变着世界传播格局。依托多种多样的新媒体平台,民众较为自由地表达意见、渴望和观点,以及自己的爱恨情仇,因此,分析新媒体平台涉华内容已经成为了解对象国普通民众对中国价值认知、理解和认同情况的重要视窗,也成为中国价值国际传播效果的重要测评路径。

二是国际关系测评法。国际关系测评法就是通过考察中国与对象国的国际关系变化来考察中国价值传播效果。国际关系是两个国家之间政治关系、经济关系、文化关系、军事关系的总和，而考察每组关系又有多个指标可以审视。中国价值国际传播的根本目标是：在深入传播中国价值的基础上，推动国际社会更好地认识中国、理解中国、认同中国，从而建立彼此信任、互利共赢的国际关系。因此，中国价值国际传播效果必然体现在国际关系的改变上，而这就是以国际关系变化的视角考察中国价值国际传播效果的逻辑起点。如何有效考察两国之间的关系变化呢？我们可以选取影响国际关系的几个指标形成"年度国际关系指数"，并通过几年时间的对比，判断两国关系的变化趋势。

三是受众调查法。受众调查是传播主体了解信息传播效果的重要手段。在国际传播领域，虽然受众调查因为受到诸多因素的掣肘而特别艰难，但仍不失为效果测评的重要路径，值得深入探索和精心拓展。中国价值国际传播作为中国面向世界传播的重要内容，同样需要通过受众调查了解和评判其效果，并为传播行为的优化和提升提供依据。对国际传播活动的受众调查有时由传播者开展，有时由对象国进行，两者目标相左，但客观上都指向对传播效果的判断。这其中，由传播主体针对对象国民众开展的受众调查，其目标是了解所开展的传播活动在对象国受众中产生的影响，进而考虑是否需要调整传播策略，以优化传播效果；由对象国在本国受众中开展的关于第三国传播影响的调查，其目的是了解第三国的传播在本国民众中造成的影响，并以此决定是否要采取相应的传播控制手段。

小　结

探索科学有效的效果测评机制是中国价值传播体系建构的重

要环节。显然，效果是传播实践的"回音壁"，离开对效果的系统评价，传播实践很容易落入自说自话的窠臼，最终造成人力物力的巨大浪费，并耽搁国家"软实力"提升工程的有效实施。然而，在整个中国价值体系建构实践中，最艰难的环节便是效果评估体系建构以及效果评估结果如何有效反作用于传播实践优化的问题，如果这两个问题无法得到妥善解决，则中国价值传播体系终将难以到达完美之境。为此，传播效果评估指标体系建构的话题始终触动着众多学者的学术味蕾。遗憾的是至今没有形成适用的传播效果评价理论与方法，而且即便构建了科学的评价体系，也会存在因为海量数据的抓取而使评价体系实效不佳等问题。因此，中国价值传播效果评价体系建构之路依然任重道远。

参考文献

艾·里斯、杰克·特劳特:《定位——争夺用户心智的战争》,机械工业出版社,2018。

保罗·莱文森:《人类历程回放——媒介进化论》,邬建中译,西南师范大学出版社,2017。

本书编写组:《习近平新闻思想讲义》,人民出版社、学习出版社联合出版,2018。

彼得斯(John Durham Peters):《交流的无奈——传播思想史》,何道宽译,华夏出版社,2003。

成振珂:《传播学十二讲》,新世界出版社,2016。

程曼丽:《国际传播学教程》,北京大学出版社,2006。

褚亚玲、强华力:《新媒体传播学概论》,中国国际广播出版社,2018。

邓建国:《媒体融合——基础理论与前沿实践》,复旦大学出版社,2017。

董璐:《传播学核心理论与概念》,北京大学出版社,2016。

段鹏:《传播学基础——历史、框架与外延》,中国传媒大学出版社,2013。

樊帅:《企业公关关系案例解析》,清华大学出版社,2017。

高贵武:《形象制胜——新闻工作者的形象管理》,北京大学出版社,2017。

官贺:《公共关系的文化想象:身份、仪式与修辞》,社会科学文献出版社，2017。

郭庆光：《传播学教程》，中国人民大学出版社，1999。

哈罗德·伊尼斯：《帝国与传播》，何道宽译，中国人民大学出版社，2003。

韩震、章伟文：《中国的价值观》，中国社会科学出版社，2018。

胡春阳：《人际传播学：理论与能力》，北京师范大学出版社，2016。

J. A. 曼根、罗青、格思里-清水小百合主编《奥运传播的政治棱镜：从伦敦到东京》，中国传媒大学出版社，2017。

蒋原伦、王颖吉：《媒介文化十五讲》，北京大学出版社，2017。

杰里米·里夫金：《零边际成本社会——一个物联网、合作共赢的新经济时代》，赛迪研究专家组译，中信出版集团2017。

居伊·德波：《景观社会学》，张新木译，南京大学出版社，2017。

冷淞：《新形势下媒体国际传播与话语权竞争》，中国社会科学出版社，2016。

李建华：《多元文化时代的价值引领——社会主义核心价值体系建设与社会思潮有效引领研究》，人民出版社，2012。

刘俭云、祁媛、王昆编《传播学导读》，中国社会科学出版社，2016。

刘志毅：《智能经济——用数字经济学思维理解世界》，电子工业出版社，2019。

马歇尔·麦克卢汉：《理解媒介——论人的延伸》，何道宽译，译林出版社，2019。

迈克·华莱士、贝丝·诺伯尔：《光与热——新一代媒体人不可不知的新闻法则》，华超超、许坤译，中国人民大学出版社，2017。

牟怡：《传播的进化——人工智能将如何重塑人类的交流》，清华大学出版社，2017。

尼古拉·尼葛洛庞帝：《数字化生存》，胡泳、范海燕译，电子工业出版社，2017。

邱戈：《传播如何是好？——现代传播思想与实践中的道德探询》，浙江大学出版社，2017。

塞缪尔·亨廷顿、劳伦斯·哈里森：《文化的重要作用——价值观如何影响人类进步》，程克雄译，新华出版社，2010。

斯特凡·韦茨：《搜索——开启智能时代的新引擎》，任颂华译，中信出版集团，2017。

孙宜学：《中外文化国际传播经典案例》，同济大学出版社，2016。

王庚年：《国际传播发展战略》，中国传媒大学出版社，2011。

王井：《文化迁徙——媒介新技术与网络文化价值体系发展研究》，中国社会科学出版社，2015。

王颖吉：《传播与媒介文化研究方法》，北京大学出版社，2016。

习近平：《之江新语》，浙江人民出版社，2007。

辛普森：《胁迫之术——心理战与美国传播的兴起》，王维佳、刘扬、李杰琼译，华东师范大学出版社，2017。

徐茂权：《网络营销：创意三十六计》，电子工业出版社，2017。

叶冲：《黑客——网络社会的流浪者》，复旦大学出版社，2017。

喻国明：《新媒体环境下的危机传播及舆论引导研究》，经济科学出版社，2017。

约翰·B. 汤普森：《意识形态与现代文化》，高銛等译，译林出版社，2012。

约翰·杜汉姆·彼得斯：《传播的观念史：对空言说》，邓建国译，上海译文出版社，2017。

詹姆斯·W. 凯瑞：《作为文化的传播——"媒介与社会"论文集》，丁未译，华夏出版社，2005。

张国良：《传播学原理》，复旦大学出版社，2018。

张雷：《演化注意力经济学》，浙江大学出版社，2017。

赵启正:《直面媒体20年——赵启正答中外记者问》,新世界出版社,2015。

赵云泽:《作为政治的传播——中国新闻传播解释史》,中国人民大学出版社,2017。

后 记

本书付梓在即，面对不算厚重却凝聚着心血和寄托着情感的文本，心头挤满了感触，深觉应该写点什么，以纪念和告慰自己在最近一段幽暗时光里的努力与奋斗。

中国价值传播体系建构是我多年来始终未曾放下的思量，而怀此"执念"又多源于求学历程中的几度美好"遇见"。第一次"遇见"已是二十余年前的事了。那时的我刚刚踏入大学，并受校园特有的典雅、庄重和健朗之风浸染。在叩问知识的蹒跚步履中，我遇见了传播学，还萌生过"铁肩担道义"和"妙手著文章"的理想与冲动，并在这种理想之光的指引下，只身前往生机盎然的珠三角，深切感受并用情触摸了"新闻的春天"。第二次"遇见"是在十五年前，也是一个秋色渐浓的开学季，我拜入杨慧教授门下，开启了攻读硕士和博士的历程。恩师的引领使我有幸接触了文化人类学，体会到了深读人类社会和洞悉多彩文化的愉悦，也奠定了尊重和欣赏"他者"文化的基本理念。第三次"遇见"是在做博士后期间，得益于合作导师刘绍怀教授之提携，我靠近了价值观研究之"宝库"，并在研究与思考中形成了一个基本认识——价值观是文化之灵魂，文化研究之终极目标应是透过"价值之窗"深度认知和理解"他者的世界"。发生于不同时空的美好"遇见"在生命之河里交汇交融，并启迪我去叩击新的学术命题。然而，囿于繁杂事务的纷扰，我在学问上的探索始终是粗浅的，关于中国价值传播体系建构的思考也始终停留在较为浅陋的阶段,一直缺乏使其系统化和理论化的时间、精力和勇气。

桃李春风一杯酒,江湖夜雨十年灯。庚子年初,一些原因使我昂然奋进的生活状态戛然而止,"桃李春风"零落飘摇,"江湖夜雨"淅淅沥沥。在几近停摆的幽暗岁月里,追寻一束光,让自己不迷失、不消沉、不懈怠才是应有的救赎之路,而将关于中国价值传播体系建构的粗浅思考系统化和理论化便是我可以攥住的第一束光。于是,我静蛰书斋,续缨夙愿,在疫情、境遇和心绪交织构筑的近乎荒诞的时空里,黯然开启了本书的写作之旅。三个多月的时间倏然而逝,本书雏形在一场寂静的似锦繁花中收笔。以此为依托,我通过了出站答辩,结束了拖延多年的博士后研究工作,失落间拾得些许慰藉。此后,历经几度修改,凝聚多人心血,终于有了行将付梓的这本书。这其中很多人给予了我无私的帮助和可贵的鼓励,他们的帮助对于身处逆境的我而言是那样的及时,那样的温暖,那样的珍贵。我唯有默默铭记,一生感恩。

虽缠绕心旌多年,但将关于中国价值传播体系建构的粗浅之思做系统化的理论表达和文本呈现,所面临的困难和挑战依然不亚于翻越万壑群山。笔耕之余,我深感自己知识积累的贫乏和理论探究的低浅,并数度感慨"书到用时方恨少"之窘态,也正是自身知识储备的空虚致使本书难免有不足之处,付梓之际再度审读,仍痛惜于其所带的三大"硬伤"。

一是表达之伤。在从事学术研究的过程中,我一直推崇和坚持用诗化的语言来撰写学术文本,追求让艰涩的思考在优美文字的温润下变得可亲、可近和可爱。本书起笔之初,我也试图坚守这一原则,而遗憾的是,成稿后还是陷入了用语平凡和表述累赘的泥沼,"挤出来"的味道甚为浓烈。

二是理论之伤。中国价值传播要更好地赋能中华民族伟大复兴，就必须在理论上实现突破，因而必须立足新时代的新要求和新使命建构富有中国特色的传播体系。本书虽做了一些努力和探索，但其理论创新程度和效果还是极其有限，理论创新的不足依然是其难以弥补的硬伤。

三是实践之伤。作为中国价值传播体系建构的试水之书，本书既关注理论创新也追求实践运用，并紧紧围绕提升中国价值传播水平这一目标进行了一些路径探索，但是，囿于作者身处校园和脱离前沿的客观实际，书中所提观点能否落地值得商榷。因此，从实践运用的维度审视，本书的不足仍是十分明显且需要不断纠偏的。

硬伤如是，缺陷难平，却坚持付梓，只因心中藏有一缕期冀，渴盼本书的出版能够唤起学术界和理论界更多地关注、重视和探讨中国价值传播体系建构相关论题，并汇集更多的心智与力量，以更加务实的举措、更为精妙的手法、更受欢迎的话语合力推进，让中国价值获得更为广泛的认知、认同和理解，让价值互鉴的光芒更多地浸润和烛照这个纷扰不断的世界，让"自我"与"他者"在价值互鉴中更加以礼相待。

2021 年初秋于昆明

图书在版编目(CIP)数据

价值传播体系构建及其中国实践 / 施海涛著. -- 北京：社会科学文献出版社，2022.2
ISBN 978-7-5201-9042-8

Ⅰ.①价… Ⅱ.①施… Ⅲ.①社会主义核心价值观 - 文化传播 - 研究 - 中国 Ⅳ.①D616

中国版本图书馆 CIP 数据核字(2021)第 187622 号

价值传播体系构建及其中国实践

著　　者 / 施海涛

出 版 人 / 王利民
责任编辑 / 胡庆英
责任印制 / 王京美

出　　版 / 社会科学文献出版社·群学出版分社（010）59366453
　　　　　　地址：北京市北三环中路甲 29 号院华龙大厦　邮编：100029
　　　　　　网址：www.ssap.com.cn
发　　行 / 社会科学文献出版社（010）59367028
印　　装 / 三河市尚艺印装有限公司

规　　格 / 开　本：787mm × 1092mm　1/16
　　　　　　印　张：14.5　字　数：189 千字
版　　次 / 2022 年 2 月第 1 版　2022 年 2 月第 1 次印刷
书　　号 / ISBN 978-7-5201-9042-8
定　　价 / 89.00 元

读者服务电话：4008918866

版权所有 翻印必究